英語授業
「主体的・対話的で深い学び」
を高めるために

編著者　高橋　昌由

大学教育出版

はじめに

　本書は既刊の『英語×「主体的・対話的で深い学び」— 中学校・高校 新学習指導要領対応 —』（以下、『英語×「主体的・対話的で深い学び」』）の続編の一つです。

　『英語×「主体的・対話的で深い学び」』では「主体的・対話的で深い学び」を生徒がどのような授業実践のもとで達成できるかを、学習指導要領に沿って、授業実践の様々なあり様を示しました。これには２冊が続きます。それは、中学校編である『中学英語「主体的・対話的で深い学び」×CLIL×ICT×UDL』（既刊）と高校編である『高校英語「主体的・対話的で深い学び」×CLIL×ICT×UDL×PBL』（刊行予定）です。

　それぞれは、「学習指導要領」、『学習指導要領解説』（以下、「解説」と書くこともあります）、『「指導と評価の一体化」のための学習評価に関する参考資料』（以下、評価資料）を土台に、「教科書で教える」授業の様々なあり方を具体的な授業案を使って提示しています。中学校編では、CLIL、ICT、UDL の視点も提示しました。高校編では CLIL、ICT、UDL に加えて PBL の視点を、どのようにしたら授業に取り入れられるかについての授業実践のあり方をより厚く提示します。これらの授業実践は、本書と同様に、普段の授業ですぐれた授業力を発揮した、または発揮し続けている著者が、生徒たちに「主体的・対話的で深い学び」を自分のものにしてほしいという願いを込めて、渾身の力を込めて書いたものです。

　では、これらの３冊と本書とはどのような関係になるのでしょうか。本書では、中学校と高校の英語授業について、学習指導要領がめざす「主体的・対話的で深い学び」にも対応できる英語授業実践をサポートするための「様々な目的の授業展開」と「すぐれた授業を実現するための授業実践のツボ」などを提示しています。それらの提示が、英語授業の更なる高みへの突破口となればと思っているからです。それでは、各章を具体的に概観しましょう。

　Ⅰ では、日本の教育には何が足りないかを考えました。「教育、教育、教育の日本に！」について皆さんとともに考えたいと思います。元関西大学教授の齋藤榮二先生は、日本での英語教授法のあり方を問うて「英語教授法愛国宣言」（齋藤、1978、1979）を書かれました。もう何年も前のことですが、研究室でのいつもの「雑談」で、先生はその論考を指して、「あんな勇ましいものをよく書いたものだな～。」としみじみとおっしゃっていました。それに勝るとも劣らぬ気概で「教育、教育、教育の日本に！」が書かれています。

　Ⅱ では、「求められるパラダイムの転換」という大きな書き方をしましたが、ルーブリックをどう活用すれば生徒を伸ばせるかについて議論し、指導と評価の一体化について考えます。次に、日本語とは異なる英語とその異同を敏感に捉えるためにも、異文化理解教育の視点を少し考えます。

Ⅲでは「様々な目的の授業展開」を各TOPICで提示します（TIPを明示しているTOPICもあります）。

まず、小学校、中学校、高校の流れの中で英語教育を考える視点を大切にしたいので、小中と中高の接続を考えました。次に、授業の基礎・基本のあり方、さらに統合的な言語活動及びICTの活用術をおさらいして、直読直解を取り上げた上で、英英辞典を使っての授業を考えます。また、「正確性」を重視し過ぎて学習者の主体性を伸ばしきれない指導ではなく、「流暢性」を優先して、主体的に4技能を伸ばす「多聴・多読・多話・多書の指導」を扱います。続いて、実際の「主体的・対話的で深い学び」の授業のあり方を「総合的な探究の時間」とスパイダー討論との連携で考えます。最後に、教科英語と、中学校の「総合的な学習」と高校の「総合的な探究」の接続を、PBLと協働学習の視点から考察し、探究の指導を教科に活かす方法を模索して締めくくります。

Ⅳでは、「主体的・対話的で深い学び」の授業では「ここをもう少し推したい！」という4つの視点のTOPICを提案します。

・高橋昌由の授業：基礎・基本からCLIL & TBLTの深い学び
・米田謙三の授業：ICTを活用したSTEAM教育の英語授業
・田中十督の授業：授業デザインに裏打ちされた音声指導
・溝畑保之の授業：ラウンド制とワードカウンターで育む「主体的・対話的で深い学び」

Ⅴでは、Ⅳまでを振り返りつつ、読者の皆さまによくお分かりいただきたいことをお伝えしています。

本書と、『英語×主体的・対話的で深い学び』、中学校編である『中学英語「主体的・対話的で深い学び」×CLIL×ICT×UDL』、高校編である『高校英語「主体的・対話的で深い学び」×CLIL×ICT×UDL×PBL』のそれぞれが、中学校及び高等学校での英語指導をより良くしていくためのヒントと、さらにはいつの世にも色あせない指導のあり方を提供することができればたいへんうれしく思います。

最後になりましたが、常に辛抱強く煩雑な校正や索引作成にご尽力いただきました社彩香氏に、ここに衷心より感謝申し上げます。

2023年8月

高橋昌由

本書をお読みいただくにあたって

　本書の本編は $\boxed{\text{I}}$ から $\boxed{\text{V}}$ までです。

　本書には、文部科学省が著作権を所有する著作物からの引用が多数あります。例えば、『中学校学習指導要領（平成 29 年告示）解説　外国語編』や『「指導と評価の一体化」のための学習評価に関する参考資料【中学校　外国語】』がそれに該当します。引用文献にはその出典を明記するのが通例ですが、例えば『中学校学習指導要領（平成 29 年告示）解説　外国語編』につきましては、それからの引用であることが容易におわかりいただけるであろう場合は、紙面の都合上、その記載を控えさせていただいている場合もあります。また、引用文献は巻末に所載しますが、参考文献等は本編に所載しました。

　なお、説明の簡略化のために、略語や記号等を使っている場合もあります（例えば、Universal Design for Learning（学びのユニバーサルデザイン）を UDL で）。また、図表についてオリジナルがあるものについてはその情報を明記しましたが、筆者作成によるものは記載を省略しました。

英語授業「主体的・対話的で深い学び」を高めるために

目　次

I　英語教育のために：「教育、教育、教育の日本に！」

II　求められるパラダイムの転換

III　様々な目的の授業展開

すぐれた授業を実現するための授業実践のツボ

V　よりよい英語教育をめざして

I 英語教育のために：「教育、教育、教育の日本に！」

教育に積極的財政出動を

　フィンランドは、1990 年代の教育改革で驚異的な成功を収めました。それは、教育への投資を拡大し、地方行政と学校に権限を委譲し、教師の自由を拡大し、創造性を高める改革でした。また、英国のトニー・ブレア首相は教育を重視し、"Our top priority was, is and always will be education, education, education." と述べました。

　ところが、日本はどうでしょうか。1991 年のバブル崩壊後、1997 年の消費税増税とともに緊縮財政路線をとってきました。財務省、政治家、マスコミは、「子どもたちに借金を背負わせてはならない」と連呼し、新自由主義を掲げ、予算削減が始まりました。その結果、デフレに陥り、25 年以上のデフレスパイラルとなっています。2020 年の経済協力開発機構（OECD）の平均賃金調査では、1 位のアメリカの 763 万円に対して、日本は 424 万円で、35 か国中 22 位でした。韓国は 1990 年と比べると 1.9 倍に上昇し、2015 年に日本を抜きました。初等教育から高等教育に対する支出の GDP 比を示す表 I-1 では、日本は 2.9％で、比較可能な 38 か国中 37 位で

表 I-1　初等教育から高等教育に
　　　　対する支出の GDP 比

順位		GDP に占める割合
1 位	ノルウェー	6.40%
2 位	コスタリカ	5.60%
3 位	アイスランド	5.50%
4 位	デンマーク	5.40%
18 位	OECD 平均	4.10%
21 位	EU 平均	3.90%
37 位	日本	2.90%

出典：OECD『図表でみる教育 2020年版』より

す。小中高の公立学校教員平均給料は 2001 年より右肩下がりで、教育のブラック化を進めました。また、2001 年に義務標準法が改正され、生徒 40 人に対して 1 人の正規教員が、複数の非正規教員で分割可能になり、2006 年に公立学校の教員の国庫負担分が 2 分の 1 から 3 分の 1 に減らされています。正規教員の数と給料が減る一方、非正規教員が激増しています。

　次のページの図 I-1 は、教育における「緊縮財政の弊害」と「積極財政の利点」を比較したものです。緊縮財政の根拠は、国債の発行はハイパーインフレを招き、円の信用を失墜させ、財政破綻を引き起こすというものです。日本は多くの分野で予算の削減を行いました。教育では、大規模クラスでの知識偏重、一斉型、暗記中心が維持されたままです。新自由主義の選択や集中がはびこり、過度の競争がもたらされるようになりました。本田（2021）は、大規模クラスが多い都道府県ほど生徒の自己効力感が低いことを示しています。いじめや不登校が後を絶ちません。保護者対応は困難さを増し、教員の過重労働が常態化し、さらには病気休職者も増加の一途を辿っています。

　積極財政ならどうなるのでしょうか。その根拠となる現代貨幣理論（MMT: Modern

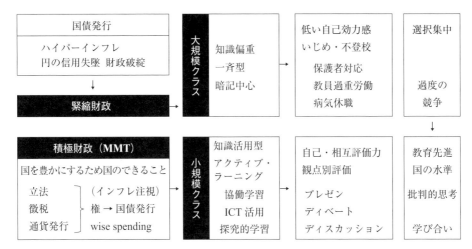

図I-1　緊縮財政と積極財政（MMT）の比較

Monetary Theory）で見てみましょう。この理論は、①国債は予算執行され、国民の資産となり、②必要な施策は国債を財源としてよく、③積極財政出動で経済は成長するというものです。国を豊かにするため、国は立法権、徴税権、通貨発行権を行使すべきというわけです。ただし、計画的で的を絞った支出（wise spending）であることとインフレに注視することが条件です。国債の捉え方が緊縮財政とは異なります。MMT賛成派のステファニー・ケルトン教授のTEDでの解説（https://onl.tw/qM69Tv6）を是非視聴してください。

　では、英語教育で、wise spendingとは何でしょうか。それは、知識活用型のアクティブ・ラーニングが十分機能する20名以下の小規模学級を実現することです。そして授業ではICTを活用し、協働学習、探究的学習を成立させることです。具体的には、プレゼン、ディベート、ディスカッションを行います。生徒の自己評価力と相互評価力を育成し、自らの学習をコントロールする力も同時に育成します。教員による観点別のきめの細かい形成的なフィードバックを与え、批判的思考を鍛え、学び合いも成立していきます。このような教育先進国の教育水準に到達するためには、小規模学級であるべきで、その実現が、ひいては山積する教育課題の解決にも繋がります。

　20人以上の学級規模は、工業社会に対応するシステムで、情報社会やそれを凌駕する超スマート社会での教育に相応しくありません。「主体的・対話的で深い学び」が貴ばれる時代に見合うように、計画的で的を絞った支出で、抜本的な改善をすべきです。文部科学省が、財務省との予算折衝に苦しみ、予算要求を断念し続けていることを覆すべきです。教育に関わる者すべてが財務省に強く訴え、積極的財政出動を実現すべきです。日本を「教育、教育、教育！」の国にせねばなりません。割を食うのは子どもたちです。無理な現状に慣れきってしまうのでなく、改善すべきところは改善していく必要があります。

求められるパラダイムの転換

---

1. 生徒を伸ばす評価：発達モデルによるルーブリックの活用について

---

1. 生徒を伸ばす評価

　一般に、評価は、順位付けの意識が強く、序列だとの思い込みがあるようです。また、学習評価が、授業改善に活かすものともなっていないようです。成績を付けることが点数至上主義を助長し、過度の競争心を生んでいるようで、この点も見過ごせません。そのため、教員は、成績を付けることに無力感や罪悪感を抱くこともあるようです。成績は誰のためのものでしょうか。生徒たちはみんな「知りたい」「できるようになりたい」「成長したい」と思っています。

　自立した学び手を育てるために、この TOPIC では、ルーブリックでの形成的評価を通して、自己評価力及び相互評価力の育成、振り返り、そして、学校としての評価の計画性を中心に考えてみましょう。

2. ルーブリックとは

　学習指導要領での観点別学習状況評価は、生徒の学習状況を、「知識・技能」「思考・判断・表現」「主体的に学習に取り組む態度」で評価します。これにより生徒が自らの学習を振り返って次の学習に向かうようにします。また、評価を教育課程の改善に役立てます。具体的には、教師も指導の改善を図ります。

　「知識・技能」はペーパーテストによる評価でよいのですが、単純な知識習得のみを問う問題に限らず、概念的な理解を問うような問題も出題するなど、バランスに配慮するよう付記されています（『「指導と評価の一体化」のための学習評価に関する参考資料高等学校外国語』、p.20）。一方、「思考・判断・表現」や「主体的に学習に取り組む態度」は、パフォーマンス課題や、作品の蓄積によるポートフォリオ評価が必要になります。これらの評価を容易にするためのツールがルーブリックです。

表Ⅱ-1　ルーブリック表

基準（尺度）

規準（項目）		4	3	2	1
	A	A-4	A-3	A-2	A-1
	B	B-4	B-3	B-2	B-1
	C	C-4	C-3	C-2	C-1

記述文

　ルーブリックは表形式（表Ⅱ-1）を標準とします。学習目標の達成度を判断するための「規準（項目）」を縦に、「基準（尺度）」を数段階に分けて横に記載し、そして記述文で示した「評価の内容」から成ります。

3.　形成的評価と総括的評価

　評価には大きく分けて、形成的評価（formative evaluation）、総括的評価（summative evaluation）があります。形成的評価は学習の途中で、生徒の学力の伸長状況を把握するために行う評価であり、総括的評価は学習の最後に、生徒の学力の達成度を確認するために行う評価です。

　従来の評価の課題として、学期末や学年末で評価することに終始してしまい、評価の結果が学習改善に繋がらないことが挙げられています。これは、一般的に、教員がパフォーマンステストを避け、主に筆記テストによる総括的評価を偏重してきたからではないでしょうか。

　また、これらの評価の違いを理解せずに、安易な序列づけのためのルーブリックが広まってはいないでしょうか。その結果、学習者を困らせ、自己肯定感を台無しにするような結果を招いてはいないでしょうか。単元の中のある活動における学習評価を通じて、教師が授業の改善を図り、また、生徒が自らの学習を振り返り、次の学習に向かうには、発達モデルによる形成的ルーブリックの活用が必要です。

4.　欠落モデルと発達モデル

　欠落モデルとは、私たちが慣れ親しんできた減点主義に基づきます。完璧なレベルから欠陥を見つけて減じる方式です。図Ⅱ-1 の左が欠落モデルのルーブリックのイメージです。ある課題において望ましいスキルは何かを設定して、頂点に完璧な基準を置きます（ここでは、Can Do A, B, & C）。どの程度の達成を望めるか、どこに躓きが予想されるかを検討し、そこからできていないことを記述し、それより下の記述文を作っていきます。すると、最下位の記述文は、「C, D, E, ... もできない」という否定的な記述の集まりとなってしまいます。そのため、最下位基準の生徒は自己肯定感を育むことができません。まるで大きな重しがのしかかっているかのように感じ、学びを放棄してしまうのは当然ではないでしょうか。

　これに対して、図Ⅱ-1 の右の発達モデル（Griffin、2018）では、スローラーナーができることから始めます。明確な動詞で「～できる」で最下位基準を記述します。できることに注目し、基準を記述することは生徒のレディネスを明らかにしてくれます。こうすることで、スローラーナーをスタートラインに立たせることから始められます。さらに、次のステップの指標は、レディネスに立脚し、生徒ができることを示していきます。図Ⅱ-1 の下線で示した *Can Do A, B, C* は書く必要がないので、新しいレベルのみ記述することでルーブリックを単純

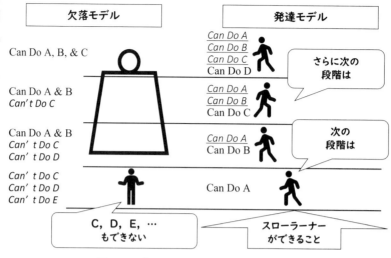

図Ⅱ-1　欠落モデルと発達モデルの比較

にできます。頂点の基準には、力のある生徒が挑戦したくなるようなレベルを設定していくようにします。その際、質的に異なる段階を動詞で示します。授業時でも、「今日の君の目標はこれだ。努力すればできるから」と励ましの声かけが容易にできます。うまくできれば、達成感を味わい、より上の段階へステップを進めるよう導くことも可能です。力のある上位の生徒には、最高のレベルの内容を設定します。課題を簡単と侮ることなく、高みをめざして意欲的に取り組んでもらうことができます。

5.　ルーブリックのサンプルと作成のコツ

(1)　ロールプレイで話すこと［やり取り］

　話すこと［やり取り］をロールプレイで行う課題のルーブリックを考えてみましょう（表Ⅱ-2）。課題は次の通りです。「次の日曜日の計画を2人で相談しましょう。Aさんは、Bさんにどこに行きたいか、何をしたいか質問し同意します。Bさんは、選択肢を参考に、あるいは独自の考えで、下線部に入れて計画を提案します」。

A: Where do you want to go next Sunday?

B: Well, what about going to the shopping mall? [the park/ the library/ the river]

A: What do you want to do at the place?

B: Let's watch a movie. [play badminton/ research on the SDGs/ take a walk]

A: Sounds nice! [Great/ Wonderful/ Good idea]

　自己評価力及び相互評価力育成のために3名で活動します。AとBのやり取りをCが評価

します。3名で振り返りをし、次は3名の役割をローテーションしていきます。

　ペアワークでの「質問」「応答」「提案」の役割を規準とし、最後の規準項目にペアでの「やり取り」を設定しました。Aの2つの質問はそのまま使う知識・技能と位置づけました。提案と提案への応答は、思考・判断・表現としました。やり取りとして、ペアワークへの積極的態度を主体的に学習に取り組む態度として評価します。基準の記述文には、アイコンタクト、文字の参照、選択肢の活用を盛り込みました。最後に活動の全般的な「振り返り」を記入する欄を設けました。

表Ⅱ-2　ロールプレイ用ルーブリック

		3 上級	2 中級	1 初級	
A	質問	相手を見て、苦も無く自然に質問する	ちらっと文字を見て質問する	文字を見ながら質問する	知識技能
	応答	Bの提案に自然に応答する	選択肢を参考に対応する	選択肢を読み上げる	思考判断表現
B	提案	自然で納得の提案をする	選択肢を参考に提案する	選択肢を読み上げる	
やり取り		笑顔でお互い対話を楽しくできる	確認し合い協力できる	遠慮がちだがやりきる	態度
振り返り					

　振り返りは「練習不足だった」「次は頑張る」などの形骸的な記述になりがちです。そこで、ローテーションごとに次の［振り返りの質を高める9つの問い］から3つ程度投げかけて3名で話し合います。

［振り返りの質を高める9つの問い］
　①　あなたは、この課題にどう挑戦しましたか？　あなたの方法は上手くいきましたか？
　②　お互いのやり方を詳しく述べましょう。似ていましたか？　違っていましたか？
　③　あなたやクラスの仲間の失敗は何でしたか。あなたは、そこから何を学びましたか？
　④　あなたが、疑問に思っているのは何ですか？
　⑤　今日の課題では、コミュニケーションを楽しむため何が一番重要でしたか？
　⑥　ルーブリックは、どのようにあなたのパフォーマンスを高めてくれましたか？
　⑦　もしルーブリックを改善するなら、どのようにしたいですか？
　⑧　何があなたの強みや弱みでしたか？　何があなたの学習計画を進め、苦手な部分を解消してくれますか？
　⑨　あなたが、この課題で学んだことやクラスで話し合ったことで、英語学習における重要な概念や考えは何でしたか？

Professional Learning Community（PLC）便りより改編
（https://projectbetterschool.blogspot.com/2018/03/blog-post.html）

　これらの問いは、生徒がお互いのパフォーマンスを前提に、相互あるいは自己の学習についての認識を深めていくものです。自己の認知活動（知覚、情動、記憶、思考など）を客観的に捉え、評価した上で制御する力、すなわち「メタ認知」に関わる振り返りを促進します。課題に取り組む際に、見通しを持って粘り強く取り組み、自らの学習活動を振り返って次に繋げる一助となります。まさしく、主体的な学びの過程が実現できるように支援すると言ってよいでしょう。こちらが良いと思っていることをやらせるアプローチから、問いかけるアプローチに変えることが求められています。

　授業で、生徒たちがこのようなペア活動と相互評価に慣れれば、教師の前で活動させ、パフォーマンステストを行います。同じ様式のルーブリックで教師による評価を行います。時間が許せば、生徒にも自己評価させ、教師の評価とすり合わせて交渉できるようにすると、正当性を高めることと同時に生徒の批判的思考を高めることができます。

(2)　書くこと「最近の出来事」

　次は、書くことの課題を次のように設定したとしましょう。「友人に最近起こった出来事をわかりやすく伝えよう。その際、時間の流れを明らかにし、出来事を整理し、読み手の理解が確かになるように工夫しよう」。

表Ⅱ-3　ライティング用ルーブリック

	3 上級	2 中級	1 初級	
Form（文法）	基礎的な文法をほぼ正しく使うことができる。	過去形を正しく用いることができる。	不正確な過去形もあるが、3 文書ける。	知識技能
状況・内容説明	大まかな説明の後、細部の情報を時系列で整理して書くことができる。	いつ、誰と、どのようにしたかなど細部を説明できる。	複数の何をしたかのおおまかな説明ができる。	思考判断表現
Communication（読み手意識）	読み手を意識し、親切に述べ、読み応えがある。	出来事について伝えたい気持ちを添えることができる。	最近したことの事実を書ける。	態度
振り返り				

　「知識・技能」は指導文法項目の過去形を核に Form として、「思考・判断・表現」は状況・内容説明として、また、「主体的に学習に取り組む態度」は Communication（読み手意識）として設定しました。活動全体の振り返りを記入する欄を設けてみました（表Ⅱ-3）。

　基準の記述文では、①明瞭で生徒にわかりやすい言葉で、②観察可能な行動を肯定文で、③生徒の今のレベルをもとに次の段階への「道しるべ」になるように工夫します。

　授業の活動の中でこのルーブリックを参照し、ライティングの質の向上に役立てます。具体的には、ペアや小グループの相互評価として使用します。あるいは、教師に提出する前に自

己評価を行い、教師はそれに評価して返却することもでき
ます。

Form	3	2	1
Contents	3	2	1
Communication	3	2	1
Total		/9	

　また、定期考査で同じルーブリックで評価することを告
知します。生徒は、何を書けばよいかがよくわかり、的を
絞ったテスト対策を行えます。熟達度が高ければ、同じ規
準・基準で異なるテーマで書くようにすることも可能です。解答用紙に表Ⅱ-4をつけると採点
が容易になります。

6. ルーブリックを用いる利点

　ルーブリックを用いると次のような利点があります。

① 　ルーブリックを活動前に示すと活動の目標が明確になる。

② 　評価方法を教員間で共有し、「同僚性問題」を解決できる。

③ 　評価方法を生徒と共有し、相互・自己評価の視点を生徒に持たせることができる。

④ 　授業の前・最中・後で活用できる。

⑤ 　タイミングの良いフィードバックを提供できる。

　ルーブリック作成には手間がかかりますが、このような利点を活かさない手はありませ
ん。学習者が自らの立ち位置を自覚し、より高い次元をめざして意欲的に学ぶことをルーブ
リックで実現したいものです。

7. 計画的実施と蓄積・改善

　ルーブリックは学校として組織的かつ計画的に取り組むことが重要です。毎時間ルーブ
リックでの評価を蓄積する必要はありません。各学校において教師どうしで検討し、場面を精
選し、実践し、適切に評価するようにします。評価結果についての検討を通じて、評価に係る
教師の力量の向上を図るようにします。できれば生徒とも相談して作成することが理想です。

---

2. 求められる「異文化理解」教育

---

1. なぜ「異文化理解」?

「なぜ異文化理解?」と思われたかもしれません。いわゆる英語の教員免許について、現在の大学生は、英語学、英語文学、英語コミュニケーション、異文化理解を履修することになっています。そうしたこともあり、学習指導要領の「異文化理解」を確認して、授業実践の基盤整備の一助としていただければと思います。

2. 学習指導要領の「異文化理解」

学習指導要領・外国語での「異文化」の出現回数は、中学校学習指導要領解説では１回、高等学校学習指導要領解説では０回です。驚きませんか。そこで「異文化」に関連する表現を中学校学習指導要領解説で探してみると、「外国語によるコミュニケーションにおける見方・考え方」（p.10）に、「外国語やその背景にある文化」という表現があります。中学校学習指導要領の「目標」に、「(3) 外国語の背景にある文化に対する理解を深め，聞き手，読み手，話し手，書き手に配慮しながら，主体的に外国語を用いてコミュニケーションを図ろうとする態度を養う」とあり、異文化理解が「学びに向かう力，人間性等」の涵養に関わる目標の中で掲げられているという点で重要な記述であると考えられます。

また、異文化理解について、中学校学習指導要領解説には、「『(外国語の背景にある) 文化に対する理解』としたのは，『コミュニケーションを図ろうとする態度』を養う上では，次に述べる『聞き手，読み手，話し手，書き手に配慮しながら』コミュニケーションを図ることが大切であり，その一つとして相手の外国語の文化的背景によって『配慮』の仕方も異なってくることが考えられるためである」（p.15）とあり、また「併せて，外国語の学習を通して，他者を配慮し受け入れる寛容の精神や平和・国際貢献などの精神を獲得し，多面的思考ができるような人材を育てることも必要である」（p.15）と記述されていて、これらは異文化理解のあり方を示していると考えられます。

中学校学習指導要領の「3 指導計画の作成と内容の取扱い」を見てみましょう。「(3) 教材については，次の事項に留意するものとする」において、「イ 英語を使用している人々を中心とする世界の人々や日本人の日常生活，風俗習慣，物語，地理，歴史，伝統文化，自然科学などに関するものの中から，生徒の発達の段階や興味・関心に即して適切な題材を効果的に取り上げるものとし，次の観点に配慮すること」（p.98）とした上で、「(ア) 多様な考え方に対する理解を深めさせ，公正な判断力を養い豊かな心情を育てるのに役立つこと。(イ) 我が国の

文化や，英語の背景にある文化に対する関心を高め，理解を深めようとする態度を養うのに役立つこと。（ウ）広い視野から国際理解を深め，国際社会と向き合うことが求められている我が国の一員としての自覚を高めるとともに，国際協調の精神を養うのに役立つこと」と記述されています。

　これらの学習指導要領解説の記述から、私たちには、英語授業実践において、異文化理解を視座に、自文化とは異なる英語圏文化の理解のみならず、「学びに向かう力，人間性等」の涵養に資する指導が求められていることが理解できます。

3. 英語教師としての「異文化」及び「異文化理解」

　では、異文化理解の指導で何が必要でしょうか。また、何を準備すればよいのでしょうか。まず、教師の授業力の省察ツールである「言語教師のポートフォリオ」の「G. 文化（Culture）」に取り組むのがよいのではないでしょうか（http://www.waseda.jp/assoc-jacetenedu/InServiceVersionJPOSTL.pdf）。省察チェック項目として「学習者のステレオタイプ的な考え方に対処できる教材、活動を選択できる」などがリスト化されていて、教師としての長所や改善点に気づくことができます。

　異文化理解を考えるにあたり、他者との間での「文化」を取り上げて、他者の存在や立場を明らかにして、生徒が自分のアイデンティティーを見つめることを重視したいものです。Byram（2020）は、他者と共存しつつ、個と集団が、よりよきパートナーシップを築き、価値を見いだす相互文化的市民性（intercultural citizenship）の重要性を述べています。

　また、異文化理解について、日本語と英語が広く使われている国や地域の「文化」を、異同の２項対立のみで取り上げるのでは不十分です。日本語と英語という言語の背景にある文化を見つめる際に、英語母語話者と英語を第二言語とする話者の関係も考慮すべきです。さらに、日本の中にある異文化も考えなければなりません。国内にも、様々な異文化がすでに存在しています。今後、低成長に加え、人口減少の深刻化が予想される日本では、担い手不足の農業、看護、福祉サービス等は海外からの労働者に従事してもらおうという意見があります。そうなると異文化理解にユニバーサルデザインを導入することが、多様な文化を持つ人々が共に暮らしやすい社会を築くためのヒントとなり、異文化コミュニケーションを豊かなものにすることに役立つのです。

　最後に、スキルの伸長のみを求めることで異文化間の誤解を拡大したり、英語母語話者崇拝主義のような英語指導を奨励することも考えられます。そのため、私たち教員が、英語教育政策（大谷、2007）の観点を持ち、外国語教育の目的、内容、方法、教材及び教員の養成・採用・研修などにも目を向ける必要があります。

　文化の衝突が止まぬ中、日本の若者が、自己確立を土台に他者とのパートナーシップを打

ち立てていくことを望みます。ひいては、世界の人々と、国を越えて理解しあい、協力し、世界平和を実現するための基盤を身に付けてほしいと思います。

様々な目的の授業展開

---

1. 小中と中高の接続

---

1. 中学校英語の接続に向けての小学校英語の指導

　小学校で英語を教えるということを考える場合、一番大切なことは何ですか。それは「読む」ことでも、「聞く」ことでも、「書く」ことでも、「話す」ことでもありません。「英語を好きになる」ことと「英語を嫌いにならないこと」を指導の心構えにすることだと思います。

　小学校から英語を学び、早期に外国語の活動に触れることについては、言語習得の観点から見て、プラスである面が多いと思う反面、気をつけておくべき中学校英語への接続についての懸念事項は、「習得されておくべき学習項目」が、当然、中学校英語での学習目標とは異なるので、「単語や基礎的な文法は身に付いているはずだ」という観念を持つべきではないということです。

（1）　子どもの受けるショック

　厳しく評価されたり、点数で格付けされたりするようになると、子どもたちは自信を失い、やる気を削がれてしまいます。子どもたちができるだけ息長く、外国語の活動に意欲的に取り組めるようにするには（これは何も小学校や中学校に限った話ではなく、高等学校での外国語にも共通していることですが）外国語の活動が嫌いであるとか、やりたくない、とできるだけ思わないような工夫が必要です。

（2）　「できる！」気持ちを育てるルーティーン作り（反復活動）

　例えば、5、6年生の外国語の毎時の授業の初めに行う帯活動では、必ず行う活動を決めておきます。例えば次のような活動が楽しんでできるように、子どもたちができるようになるまで、指導を重ねます。

・色、形、数字、ものの名前などを英語で言えるようになるように、ポスターやフラッシュカードを用いて、教師と生徒のコーラスリーディング形式で発音する活動。
・体を動かしながら、動詞のフラッシュカードをコーラスリーディングする活動。
・What day is it today? It is Tuesday today. のように簡単な表現の反復活動。
・カードを使って、文字を組み合わせたり、会話のやり取りを組み合わせたりするゲーム活動。

　これらは、難解な教材を用いなくても、楽しみながら自然と英語を身に付けていくことができる効果的な活動です。

　小学校でこのような活動を行い、中学では、これらの活動の要素を取り入れた発展的な帯活動を準備していくことが大切です。

(3)　「個」をいきいきと育てるための「集団」活動

　子どもたちが「もっとやりたい」「参加していて楽しい、面白い」という要素を外国語の活動の中に取り入れるには、「チームで協力して、一つの目標に向けて努力する」「グループの中で自分の役割が与えられている」「複数の構成メンバーからなるチームを作り、ゲーム性のある活動をする」という要素を積極的に取り入れていく必要があります。すなわち、「個人ができるだけ自分の成績や評価に一喜一憂しない」学習環境を作る必要があるのです。そのための具体的活動としては下記のようなものがあります。

　　・英文を作る活動：グループで、単語を並べかえて英文を完成させる。協力しながら英語の語順で単語カードを並べていく活動。
　　・単語を覚える活動：グループで単語を一緒に読み、練習する。グループ内での単語当てゲーム。グループ内の仲間どうしはヒントを与えてもよいことにする。
　　・宝探しの活動：グループで、絵の中から宝探しをし、単語や英文を完成させていく活動。その際、Q&A が英語で書かれていて、その英語を読み解きながら宝物を探していくチームで行う活動。
　　・英文通りに絵を完成させる活動：書かれている英文を読み取りながら、その英文に書かれている通りに、絵が書かれたカードをマグネットで貼っていき、絵を完成させていくグループで行う活動。

2.　小中接続：初等教育は中等教育の下請けではないという視点

　小学校と中学校の接続を考えるとき、小中で共通認識をもつ必要があるのは以下の3点です。

　　・小学校の外国語活動や外国語の授業参観に行き、いろいろな工夫や改善点などを小学校の先生方と話し合える場を可能な限り持つこと。
　　・小学校の外国語活動や外国語の授業デザインや中学教員の出前授業などの教育支援をそれぞれの現場でできる限り密にしていくこと。
　　・小学生にでもわかりやすい教材を小学校と中学校の教員で協力して開発していくこと。

「単語をどれくらい覚えているか」とか「文法の指導はどこまで終わっているか」というような目に見える状況を達成目標としてしまうと、それらの到達が最優先されます。そうなると、小学校の先生がするべきことは、単語テストと文法の小テストになってしまい、外国語の授業そのものが、小学生や先生方にとって「苦痛」になってしまうからです。

3. 中高接続

中学校と高校の接続において最も重要なことは、指導者は、生徒の達成目標の到達に過剰な期待や希望をしないことだと思います。高等学校の入学者選抜試験によって、ある程度の学力差が均質化されているとはいえ、個々の生徒の学力差は厳然と存在し、外国語学習に対して、苦手意識や、拒絶反応を示す生徒もいます。中高接続においては、中学校で達成されるべき到達目標の確認もさることながら、高等学校の外国語の授業が、中学校で行われていた外国語の授業と地続きであるという環境設定と雰囲気作りが大切です。

(1) 「聞くこと」「話すこと」「書くこと」の3技能の活動を可能な限り取り入れていくこと

高校の教科書の中にある活動で、「聞くこと」と「話すこと」、また、それらの活動の後にessay writing をするなどの言語活動を授業の中にふんだんに取り入れることで、生徒は中学で慣れ親しんだ言語活動のために、高校の英語授業に難なく慣れていくことができます。生徒は、中学生の時にペアワークやグループワークを行う授業に馴染んでいるので、高校で積極的にそれらの活動に取り組ませることにより、生徒の心的負荷を軽減し、スムーズに高校英語の世界に入っていけるようになるので、このような配慮が必要です。

(2) 「聞くこと」「話すこと」「書くこと」の具体的活動例

「聞くこと」「話すこと」「書くこと」の活動は、指導者が一方的に説明して板書を写させるような chalk & talk の授業ではないということになります。その具体例を以下に取り上げてみましょう。

・CLIL（Ⅳ1参照）を取り入れた授業で4技能を統合した活動を取り入れる。

・アクティブ・ラーニングのメソッドを取り入れ、グループでの協働学習を取り入れる。

・本文の音読や、スラッシュリーディングをできるだけペアやグループで行う。

・文法や語彙の確認をペアやグループで行い、その後音読したり、音声を聞き取ったりする。

・本文の内容理解をペアやグループで行い、コンセプトマップを見て英語で話したり書いたりして本文の内容を再現する。

2.　授業の基礎・基本：易から難のスモールステップ、UDL と支援

　授業内の活動で多く実践されているものに、音読活動があります。音読の目的は、英語の音韻・統語・語彙の体系である基礎的言語能力を身に付けることが挙げられます。または「スピーキングへの橋渡し」の位置づけで実践されている方が多いでしょう。手順は、「教科書本文の口頭導入 → 本文内容の理解 → 音読活動 → スピーキング活動」のような流れになります。ここでの音読活動にも基礎・基本指導があります。また、指導は「易から難へ」の原則で組み立てることになります。その原則や指導の基礎について、UDL の視点から考えてみましょう。では、このことをその音読活動の場面に限定し、以下に説明します。

1.　音読の前にするべきこと

　音読活動に入る前にするべきことがあります。それは本文内容を理解することです。理解させるには「易から難へ」の原則では概要から詳細へとなります。また、「まず音声そして文字」への原則もお忘れなく。リスニングでの内容の概要理解では、イラストや写真など視覚情報を利用した支援をし、○×で答えるクイズを行うと難易度が下がります。平面的な文字の世界よりも、アクセントやイントネーションなどを伴った立体的な音の世界の方が、全体の概念や主題を把握しやすいからです。その際は、文ごとにポーズのついた音声を利用した支援をし、聞きながら黙読をします。さらに、一人ひとりの読解の速度が異なりますので、生徒自身のペースで、落ち着いて内容把握する黙読を行います。概要から詳細を理解した後に音読活動に入ります。中学教師の頃、筆者は、先輩方から「口頭導入と説明で理解度を100％にするのがいい」と助言をいただきました。そう考えますと、口頭導入 → 概要把握させることができる聞き取らせたいリスニング・ポイント、または概要や詳細を読み取らせたいリーディング・ポイントを与えることで、必要な情報を得られる支援が必要です。生徒はリスニングまたは黙読をし、教師は Q&A で理解度を測り、説明し、生徒が理解するように促したいものです。難しいと思われる新出語句は中学校での既習語句に言い換えることも支援となり、理解までの足場かけ（scaffolding）となります。

　もう一つ、音読の前にするべきことは、フラッシュカードなどでの単語や語句の発音練習です。音声と文字を一致させる作業とも言えます。フラッシュカードはカードを次々と切りながら見せて、発音させるのですが、カードの切り方は何通りもあります。デジタル教科書でもこの機能があり、単語等の提示順序をランダムにすることも可能です。筆者はよくフラッシュカードを使って指導をしましたが、生徒はデジタルの形で提示するよりも紙のフラッシュカー

ドを好むようです。教師としても、提示するスピードや提示の順番、再度練習したいカードを
その場で取り出すなど、柔軟に現場で調整することが可能なのも利点です。

2. 範　読

　ICT 機器の活用により、ネイティブの音源を活用することもできるでしょう。ただし、筆者
は教師自身の声で範読することをお勧めします。音量やポーズのタイミングや長さなど「生の
声」だからこそ、調整が可能で、生徒に対しては「英語を使うモデル」を見せることもできま
す。

3.　Choral（Chorus）Reading

　チャンクで区切りながら、クラス全体で復唱して練習をしつつ、個別に指名して一文を音
読できるかの確認作業をし、また全体に戻します。そして、次の文に移動していきます。「全
体 → 個 → 全体」の流れで練習、確認をしていきます。

　文が長くなり文構造が複雑になった場合などは、チャンクごとに後ろから読ませる手法（逆
積み上げ読み）で音読練習をするのも有効な TIPS となります。例えば、I went to the hospital
to see my grandfather with my sister by car the day before yesterday. という文があるとします。

the day before yesterday

↓

by car the day before yesterday

↓

with my sister by car the day before yesterday

のように練習をしていきます。

4.　Buzz Reading

　「全体 → 個 → 全体」で練習した後には、個別で生徒自身の力で音読できるようにする時間
を設けます。この時は教室で、クラス全体に指示をして活動していますので、個別に指導がで
きるチャンスにもなります。「この生徒が音読できていれば良し」との判断ができるように、
教室全体を回りながらモニタリングをすることも大切です。筆者はこの時は起立させてから音
読させることを好みました。生徒は座ったままの状態から動きを入れることで、気分が変わり
ます。また、姿勢が良くなり発声もしやすいです。そして、着席状態よりも生徒の声が聞こえ
やすいからです。

　個別指導としては、上述 3. Choral（Chorus）Reading での「全体 → 個 → 全体」の練習の中で「課題のある」生徒に支援をしたいのですが、十分に支援をすることができなかった生徒への指導は、音読するのが難しいと想定する単語に絞り、文字の音声化から「音の足し算」（※後述する「(1) 音韻認識［意識］の力を育てる」を参照）による単語の音読ができるかを確認しましょう。

　教室内で前を向いて 1 回目、右を向いて 2 回目、後ろを向いて 3 回目、左を向いて 4 回目と音読する「四方読み」（瀧沢、2022）を行ったり、回数を指定して生徒が音読したりすることもできます。ここでの注意点は、早く終わった生徒が着席すると徐々に教室が静かになり、遅い生徒が指定回数に到達せずに着席をしてしまうことです。当然、教師はそのことを想定しつつ指定回数を決めると思いますが、「着席しても音読をします」と指示があるだけでも静かになることがなくなります。回数よりも 2 分などと時間指定する方がよいでしょう。回数指定か時間指定かは、目の前の生徒にはどちらが良いのか、音読の目的を忘れずに設定していきましょう。

　教科書本文が会話文であるならば、ペアで役割ごとに音読練習に励むのもよいです。スタディ・ペア等を組んでいれば、教え合いもできますし、会話文ならばペアでやる方がコミュニケーション場面に近くなります。または、タブレット等の利用により、目標と時間設定をして個別学習化も可能です。各自のペースで繰り返して音声を聞きながら練習もできます。

5. Individual Reading

　3. Choral（Chorus）Reading では全体で練習をし、4. Buzz Reading では個別で練習をしました。その後は、個別に指名して音読ができるようになったかを確認します。そのための 4. Buzz Reading では、生徒に趣意説明（「趣意説明の原則」（向山、2015））をしておく方がよいでしょう。

　以上のように 1 〜 4 まで、音読活動の手順を示しました。教師が「暗記しなさい」と言わずに音読練習をしていたら暗記していたという状態を生み出すのです。

　ひと通りは音読できる程度まで練習ができたら、「丸 10 個読み」（生徒は教科書内に○を 10 個描きます。そして 1 回読み終わるたびに○を●に塗りつぶしします）（瀧沢、2022）や「星読み」（生徒は 5 回音読したら教科書内に☆を一つ描きます）（北原、2010）で目標を持たせ、家庭での練習回数を設定できるようにしましょう。

　基礎作りの音読活動は地味でつまらないものに感じられるものですが、どの分野でも基礎作りはそのようなものです。上述の 2 〜 4 の活動を基本として行い、「一気読み」（息継ぎをせずに読む）（瀧沢、2022）や「タケノコ読み」（生徒が読みたい一文を選び、その箇所に来たら起立して音読し、本文全体を一人が読んでいるかのように音読する）（瀧沢、2022）など楽し

くできる活動もあります。「変化のある繰り返し」後は、モデル音声で再確認するとよいです。

「スピーキングへの橋渡し」ですので、プラスアルファの練習で「リード・アンド・ルックアップ」（教科書を黙読し、顔を上げて音声化する）、「リピーティング」（音声を聞き止まったら繰り返す）または「シャドーイング」（0.1秒遅れのイメージで聞いたものを音声化していく）、「穴埋め音読」（本文にマスキングをし、穴を開けた箇所を補いながら音読する）（淡路、2021）、「ジェスチャーリーディング」（閉本のまま教師のジェスチャーに合わせて文を言う）（北原、2010）などの活動をし、教科書から目を離していき、暗唱やリテリングまたは、スキットなどのスピーキングのアウトプットへと移行することになります。

6. 音読活動を支える UDL からの視点の基本

次に、上述の音読活動を支える基本的な部分を UDL の視点から考えてみます。「学習障害の読み（書き）に困難があるディスレクシア（dyslexia）は英語圏では 10 〜 20％という高い割合で出現します。その原因はいくつもありますが、音韻の認識や処理の弱さにより、とても基本的なレベルの単語の読み書きの習得が難しくなるケースが多いとされています」（村上、2019）とあるように、ネイティブでもこのような状態です。日本語と英語では言語間ギャップがあり、英語を苦手とする生徒にとっては基本的な単語の読み書きの習得は重要な事項になります。英語圏にて実証されている指導法を生かして音韻認識［意識］と文字の基本を身に付けることが、日本での英語授業で大いに活用できます。

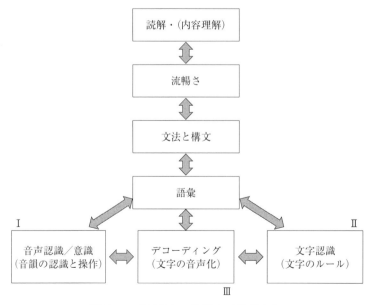

図Ⅲ-1　リテラシー発達のパラダイム
（村上、2019、p.14）

　図Ⅲ-1 の下段にあるⅠ、Ⅱ、Ⅲを行ったり来たりしながら、生徒はその基礎部分を作ることになります。以下に概略を説明します。

(1)　音韻認識［意識］の力を育てる

　音韻認識［意識］とは、英語の音声を認識し、音の単位で区切ったり、音を繋いだりする操作ができることです。関連した躓きとしては、単語のリピートがうまくできない、文字を知っているが上手につなげて読めない、単語は読めるのに書けないことが挙げられます。

　音韻認識［意識］3 つのステップ（村上、2021）として、①「よく聞く」、②「気づく」、③「操る」の 3 段階があります。①では、音のリズムや違いなどに注意を向けながら意識して音に集中させます。②では、音の違いや日本語にない音韻単位に気づかせます。③では、音の異同がわかり、ブレンディング（blending）とセグメンティング（segmenting）などの音韻操作ができるように指導します。ブレンディングとは、音韻をつなぐ「音の足し算」です。セグメンティングとは、音韻を小さく分ける「音の引き算」です。注意点としては、極力文字を使わないこと、聴覚や視覚など多感覚を用いること、短時間でも繰り返すことなどが挙げられます。

(2)　文字認識の力を育てる

　文字認識とは、文字の形を見分ける力のことです。関連した躓きとしては、文字が覚えられない、文字が反転する、四線に上手に書けないことです。「J（j）」や「I（i）」など似た形だけれども大きさが異なる文字を書く時に、ミスは起こりがちです。「J」を「し」と反転することも見られる現象です。

(3)　デコーディングとエンコーディングができる力を育てる

　デコーディング（decoding）とは、文字の音声化のことです。意味の理解は問わずに文字記号を音に変換する作業です。エンコーディング（encoding）とは、音声の文字化です。これはスペリングの習得にとって必須です。初めは「読めれば書ける」と思いがちなのですが、異なるスキルになります。単語を読む際に大切とされる技能であるブレンディングとは結合させるという意味ですが、文字の音をつなぐ「音の足し算」ということになります。これとは別に、単語を書く際に大切とされる技能であるセグメンティングとはブレンディングの逆になります。文字の音を離す「音の引き算」ということになります。これらの 2 つが別物であると認識してもらえば「なんで読めるのに書けないのだろうか」との疑問が解消できるでしょう。関連した躓きとしては、単語が読めない書けない、英語の文章が読めないことです。ここでのスキル習得にはフォニックスが一般的に知られています。

　以上、上記の（1）～（3）の３点の力を育てるためによく見られる活動は、日本語ではしり
とりなどの言葉遊びです。英語ではライミング（rhyming：押韻、脚韻）を使った歌などで
す。"Twinkle Twinkle Little Star" は誰もが知っている歌でしょう。またオンセット・ライム
（onset-rime）もあります。例えば、生徒に「sun の先頭の文字ひとつだけを発音すると？」と
聞くと初めは大抵、日本語のモーラにつられて「サ［sʌ］」と言います。そこで、「［ʌ］は抜い
て…」と言うと［s］の音だと気づくわけです。［f］や［g］、［r］など頭の音を入れ替えて操
作させます。そうすると sun、fun、gun、run となります。文字指導を含むオンセット・ライ
ムであれば文字を提示しますが、音だけとなれば絵を提示することになります。

　ここで、少々注意する点があります。フォニックスを習得しつつ、読める語句を増やすこと
ができますが、全単語に適用できるわけではありません。サイト・ワード（sight words、また
は Tricky Words と言われます）というフォニックスのルールに当てはめることができない are
や the などのような基本的な語もたくさんあります。そのため、「かたまりで覚えないといけ
ないものもありますので少しずつ読めるようにしましょう」と何度も繰り返しながら、テンポ
よく読ませていく指導も並行する必要があります。筆者が中学１年生を指導した時には、１学
期には 50 語ほど教科書から抽出し、４月から少しずつ指導したものです。焦らずに漆塗りか
のような指導を心がけてみましょう。ちなみに、何度も生徒がミスした記憶に残るものは any
でした。

　最近の中学１年生の教科書ではリテラシー（文字の読み書き）に関するページが以前よりも
増えたり、"Sounds ＆ Letters" のコーナーがあったりと、重要性は認識されてきたと感じて
います。注意したいのは、基本的な単語の読み書き指導に関して、図Ⅲ-2 の２つの矢印につ

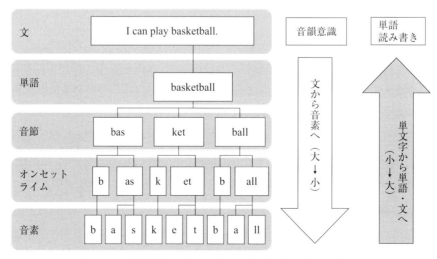

図Ⅲ-2　音韻操作は大から小へ、文字操作は小から大へ

（村上、2021、p.76）

いてです。白の下向き矢印の音韻操作の流れは「文から音素へ（大 → 小）」であり、灰色の上向き矢印の単語読み書きである文字操作の流れは「単文字から単語・文へ（小 → 大）」となります。音と文字の関係性の指導や学習を丁寧に継続することにより、「英語嫌い」や「英語が苦手」な生徒を救う手立てになります。また、それが UDL の授業づくりになるであろうと筆者は考えています。

　筆者は長年悩みながらも先輩方の知恵を拝借しつつ、リテラシー指導を中学 1 年生から中学 2 年生の年末まで継続的に行い、絵本を活用して読解や多読につなげた実践報告（岡﨑、2019）を記しました。しかし、「日本における英語の手書き文字の指導が「時代遅れ」である」（手島、2019）との指摘があるように、文字指導についても当たり前のように習ってきたことや教わったように教えてきたことの「通説」が異なることがあります。先輩方の実践と知恵の宝を継承しつつ、常に高いアンテナを張りながら情報を得て、目の前の生徒が力をつけられる指導をしていくように心がけたいものです。

参考文献等

アレン玉井光江（2010）．『小学校英語の教育法　理論と実践』大修館書店．

語学教育研究所編（2014）．『英語指導技術ガイド Q&A ― 授業の悩みにこたえる 26 のレシピ ―』開拓社．

長　勝彦　編著（1997）．『英語教師の知恵袋（上巻）』開隆堂．

瀧沢広人（2020）．『1 回 5 分で英語の基礎力を育む！　英語音韻認識ワーク 44』明治図書出版．

土屋澄男（2004）．『英語コミュニケーションの基礎を作る音読指導』研究社．

村上加代子（2017）．「英語の読み書きが困難な児童生徒への指導〜音韻認識とデコーディングを中心にした学びのステップ〜」（DVD）ジャパンライム．

---

3. 「話すこと」と「書くこと」を中心にした統合的な言語活動へのヒント

---

1. はじめに

　コミュニケーション能力の育成を意識した取り組み、とりわけ「話すこと」及び「書くこと」の言語活動が十分ではなかったことが、学習指導要領における「改訂の趣旨」として指摘されています。英語を話したり書いたりする活動を授業で継続的に行うことの難しさは依然として大きな課題です。

　この TOPIC では、「話すこと」と「書くこと」を取り上げます。中学校及び高校の学習指導要領に従い、後述の「3. 中学校編」と「4. 高等学校編」において具体的なポイントに言及し、多くの学校で「話すこと」及び「書くこと」の言語活動を導入するためのヒントを示します。

2. 「話すこと」と「話すこと」から「書くこと」へと繋げる言語活動のコツ

　「話す活動をやってみるけど、うまくいかない」と頭を悩ませることが多いのではないでしょうか。活動を活性化させるためには、「安心感を与えること」「活動に夢中にさせること」そして「積極性を引き出すこと」が重要です。これらについてまず取り上げます。その後に、授業で盛り上がったとしても、学習効果が本当にあるのかと不安を感じることが多いものなので、学習効果に対する不安の解消のための 2 つの提案をします。

(1) 話すことの言語活動の活性化

1) 安心感を与える仕組み

　文法や知識のミスを避けようと慎重になると、沈黙する生徒が増えてしまいます。「どの生徒も沈黙せずに話し、発話量を増やす」という狙いをまずは大切にしましょう。活動の目的達成が最優先です。単語だけの発話が続いたとしても、足りないところをジェスチャーや表情で補ったとしても、それらを認め、生徒に安心感を与えます。「単語だけでも、何か言ってみよう！」「ジェスチャー OK ！」が重要です。

> TIP：生徒に安心感を与えることを活動の基本方針としましょう。

　何を話せばよいのかわからない状態では沈黙してしまうので、トピックの選定が重要です。そもそも、日本語で語るのも難しいトピックや、生徒があまり関心を示さないトピックを提示しがちではないでしょうか。「やればできそう！」とどの生徒も自信が持て、生徒全員と

関連性があるトピックを選びます。生徒の自信は、単語や文法の知識にも依存しています。知らなければ何も書けなくなってしまうような単語や文法の知識が求められるトピックは避けましょう。生徒たちの既存の知識の活用に基づいた授業でありたいものです。

> TIP：既存の知識を考慮しながら、生徒の関心が高く、自信が持てるトピックを選びましょう。

　活動の基本方針やトピック選びを見直しても、英語を話すことは常に挑戦です。リハーサル時間を設定しましょう。頭の中でも、ぶつぶつ独り言のように言う形式でも構いません。アウトプットを試みたからこそ、知識の穴に事前に気づけます。その後、ペアと表現を確認することで、より安心感を深めて発表に臨めます。

> TIP：リハーサル時間を設け、生徒に安心感を与えましょう。

　英語が苦手な生徒たちにはまだ不安が残ります。「困ったら見てもいいよ」と、黒板にヒントを提示しておきましょう。話題を広げる手助けとなる支援としての質問をいくつか用意します。学校生活を紹介するトピックであれば、"What subject do you like? Why?"のような質問を３つほど示し、不安を取り除きましょう。聞き手の生徒だけに示し、沈黙したペアに質問する形式も可能です。

> TIP：必要な時に確認できるヒントを用意し、生徒に安心感を与えましょう。

2）　活動に夢中にさせる仕組み

　生徒たちがダラダラせずに、活動に夢中にさせるポイントを２つ提示します。１つ目のポイントは、「常に短い制限時間を設けること」です。活動時間が長すぎると生徒たちの不安が増

Word Counter									
1	20	21	40	41	60	61	80	81	100
2	19	22	39	42	59	62	79	82	99
3	18	23	38	43	58	63	78	83	98
4	17	24	37	44	57	64	77	84	97
5	16	25	36	45	56	65	76	85	96
6	15	26	35	46	55	66	75	86	95
7	14	27	34	47	54	67	74	87	94
8	13	28	33	48	53	68	73	88	93
9	12	29	32	49	52	69	72	89	92
10	11	30	31	50	51	70	71	90	91

図Ⅲ-3　**Word Counter**

します。例えば、「3分間英語で話しなさい」という活動は、生徒たちにはかなり高いハードルではありませんか。しかし、短すぎると何も話せずに終わってしまいます。筆者の実感では、例えば中学3年生から高校2年生の場合、60秒が最適で、「このくらいなら頑張れる！」（安心）かつ「集中しなきゃ！」（夢中）と感じられる制限時間です。適度な緊張に繋がります。

さらに、短い制限時間の中で、生徒たちの発話量を増やすことに繋がるミッションを課すことが重要です（ただし、文構造の意識は重要ですから、例えば「主語 → 動詞の流れだけは意識しようね」と、ハードルが上がり過ぎない程度に文法の約束事を提示します）。ミッションとしては「60秒間で発話語数の最高記録に挑戦する」というのはどうでしょう。複数回挑戦させ、1回目より2回目、2回目より3回目と発話語数を増やすことを目標とします。「2回目は10語増やそう！」と少し無茶に思えるようなミッションを生徒たちに課すことで、より活動に夢中で挑むことができます（実際、60秒の中で10語も増やすことは至難の業です。活動後、語数が増えていることが重要であるとコメントしましょう）。語数の計測は、西（2010）のワードカウンターを参考にして筆者が作成したWord Counter（図Ⅲ-3）の数字を指でなぞりながら行います。発話語数の記録を継続することで、モチベーションの向上が期待できます。記録については、書くことの活動と併せて、後に紹介しています（p.30、「2）話したことを書いて活動を仕上げる」）。

> TIP：短い制限時間と、生徒たちが夢中になれるようなミッションを設定しましょう。

2つ目のポイントは、「個人ワーク → ペアワークの流れを細かく設定すること」です。制限時間を設けながら行い、メリハリのある活動にしましょう。例えば、個人で発表用のメモを作成したら、ペアでお互いのメモを確認する時間を設定して、個人で発表をした後には、一人では思いつかなかった表現について、ペアと確認する時間を設定するといったようなものです。

> TIP：個人 → ペア → 個人 → ペアの流れで常にメリハリのある活動をしましょう。

この流れは生徒たちの「安心感」を保つことにも大いに役立ちます。個人で考えた後、ペアの生徒と不明点を確認することができるように声かけをしましょう。「『このままじゃ発表ができない！』という人は、ペアの人と一緒に解決してください！」と伝えれば、疑問点をペアの生徒にぶつけます。教師が机間指導でフォローできる生徒の数は限られています。ペア活動で多くの生徒たちの安心感を保ちつつ、それでも不安が強い生徒に教師は時間を割くようにしましょう。

　3)　積極性を引き出す仕組み

　「目的や場面、状況等」（以下、目的・場面・状況）の設定を通して、生徒たちの積極性を引き出しましょう。コミュニケーションを行う「目的」と、そのコミュニケーションはどのような「場面」や「状況」で行われているのかを設定し、生徒たちの「やるぞ〜！」という積極的な姿勢を促します。生徒たちの日常的な事象について、多少のユーモアを交えながら設定しましょう。

　例えば "Talk about your daily routine." というトピックで活動を行う際、どのような目的・場面・状況が設定できるでしょうか。

・目的：現状、忙しくて宿題ができないことを伝える。
・場面：職員室で生徒と教師が向かい合い、どのようにこれから学習時間を捻出するかを教師に相談している。
・状況：話し手の生徒役が、聞き手である担任の教師役の生徒に真剣に相談している。

といった具合に設定してみましょう。生徒たちの日常と関連が強く、かつ生徒たちが積極的にメッセージを発信したくなるような設定をしましょう。

> TIP：目的・場面・状況の設定を通して、生徒たちの積極性を引き出しましょう。

(2)　学習効果のある言語活動をめざす

　中学校と高等学校における、話したり書いたりするアウトプット活動を通して知識を増やす訓練方法や学習方法を考案する際に、村野井（2006）、青谷（2012）、廣森（2015）を大いに参考にさせていただきました。以下に、授業でのアウトプット活動（話すこと・書くこと）の学習効果を高めるために 40 人前後のクラスサイズでもできる仕組みを提案します。

　1)　聞き手の生徒にも具体的な役割を

　聞き手の生徒に、「伝わっているよ！」「伝わっていないよ！」と自分の理解を伝えるよう指示しましょう。特に、「伝わっていないよ！」を示すことは有益です。最初は表情だけのアピールでも構いません（聞き返しの表現や、言い換えを要求する表現を示すことも可能です）。話し手が「え！　伝わっていないの？」と気づかされることで、問題点を考え、すぐに修正する機会を作り出すことができます。発表後にはペアと伝わらなかった部分を見直し、複数回、活動を行うことで、すぐに修正する機会になります。

　リアクションを示すことに躊躇する生徒もいます。自分の英語力の低さや、ペアの生徒との成績の差など、様々な要因がありますが、そのようなことを気にする必要はないことを生徒たちには伝える必要があります。そのためにも、自分や相手のレベルに関係なくリアクションを示せるよう、安心感を与えましょう。

TIP：聞き手に役割を与え、話し手の生徒が気づき、修正する流れを作りましょう。

ペアの生徒の発話に対するリアクションを示すのに、十分な英語力がない生徒もいます。重要なのは話し手の生徒がリアクションされることで問題点に気づくことです。そのような生徒が数人であれば、机間指導に割く時間を増やし、生徒の代わりに教師がリアクションを示してあげましょう（聞き手の生徒にも、リアクションを示す姿を辛抱強く見せながら）。そのような生徒の割合が多い場合は、聞き手の役割を通して学習効果を高めることを狙うのは、残念ながら時期尚早だと思います。以下の 2) で示す書く活動の後、「これはどういう意味？」とお互いに質問させ、書き手の生徒の気づきを促すことで補いましょう。書いた英語であれば、不明点がより明確になることもあるでしょう。

2) 話したことを書いて活動を仕上げる

話している時より書いている時の方が生徒たちは冷静でいられます。話す活動を通して、「〜って英語でどう言えばいいの？」と生徒たちは知識にハングリーな状態になります。書く活動の前に、表現に関する議論をペアと行うことで、「あ〜、そうだったよね！」と気づかされます。このように、気づきをすぐに修正し、アウトプットする機会となる、しかも、書いた英語は後で確認可能な形に残るというのが書くことの活動のメリットです。

ここでも安心感を与え、生徒を夢中にする仕組みを継続します。筆者の実感では、書くことの活動では、例えば中学 3 年生から高校 2 年生の場合、5 分の制限時間が適切です。書いている間、「不定詞を使えたらいいね」「具体例を書こうね」と教師がコメントし、手が止まってしまう生徒が出ないように配慮しましょう。書き終えた生徒には、「この部分をもう少し説明して」などとコメントし、5 分間は書き続けられるようにフォローします。

書いた後には、自分が書いた英語をペアと見直す時間を設けましょう。黒板にチェック項目を示します。文法項目、具体例の有無などを中心に簡単な項目を設定し、生徒たちを安心させます。教師も机間指導の時間が確保でき、生徒たちが書いた英語を確認することができます。

TIP：文字に残すことで、より多くのことに気づけるようにしましょう。

3) 学習効果だけでなく、モチベーションの向上を狙う

学習効果に対する不安を解消する上述の 2 つの提案にプラスして、生徒のモチベーションの向上を狙います。以下のような記録用紙で成果を「見える化」し、成長を実感させながら、話したり書いたりする活動を継続しましょう。活動導入のきっかけ作りとしては、間違えなども語数に含めることを認め、生徒に多くを求めすぎないことが重要です。記録用紙の構成はシン

プルなもので構いません。以下のように、最低限スピーキングとライティングのそれぞれの語数と、扱ったトピックを記録することができれば問題ありません。

Date	Topic:　(　　　　　　　　　　　　　　　　　　　　　　　　　　　　　　　)			
／	One minute of speaking			Five minutes of writing
(　　)	1回目 (　) 語	2回目 (　) 語	3回目 (　) 語	(　　　) 語
Date	Topic:　(　　　　　　　　　　　　　　　　　　　　　　　　　　　　　　　)			
／	One minute of speaking			Five minutes of writing
(　　)	1回目 (　) 語	2回目 (　) 語	3回目 (　) 語	(　　　) 語

　英語の正確性を意識する段階になれば、修正を加えた箇所や新たに覚えた表現などを記録するスペースを追加しましょう。このように記録を継続することで、過去に学んだ表現を見直すことができ、話したり書いたりする活動で学んだ知識を使う場面を増やすことができます。

3.　中学校編

　ここでは、話すこと［発表］の目標「イ　日常的な話題について，事実や自分の考え，気持ちなどを整理し，簡単な語句や文を用いてまとまりのある内容を話すことができるようにする」を扱います。学習指導要領解説に示された関連する言語活動は、「（イ）　日常的な話題について，事実や自分の考え，気持ちなどをまとめ，簡単なスピーチをする活動」です。

　発表の前に準備時間を設定しましょう。初めから「まとまりがないとダメだよ！」と言うと、生徒たちの口は動きません。生徒が安心して発表に臨めるよう、発表用メモのハンドアウトの工夫が必要です。以下に例を示します。

　活動の導入段階では、発表の構成とネタ作りの道筋が視覚的にわかるようなハンドアウトを、発表用メモとして作成するのがよいでしょう。前に挙げた "Talk about your daily routine." のトピックと目的・場面・状況を用いて具体的に考えてみます。まず、ハンドアウトには、〈主張 → 具体 → 再主張〉のように、発表の大筋をすでに示しています。図Ⅲ-4中央の左側には、思いつくだけどんどんアイデアを書き込むブレインストーミング用のスペースを、右側には発表に使えるアイデアを抽出するスペースを作りました。ブレインストーミング用のスペースは、トピックに応じて構造を変え、アイデアを書き込みやすいように工夫することが可能です。ここで示しているハンドアウトでは、1日の流れを書き込めるような図を挿入しています。このブレインストーミング用のスペースから、「私がいかに忙しいか」という主張に対して説得力を増すような内容（例えば、「夜の10時まで宿題をしている」のような）を抽出することで、発表の流れを完成させていくよう指導しましょう。

　個人 → ペアの流れで準備を進めていきましょう。個人でブレインストーミングを行った

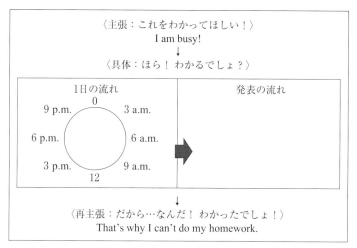

〈主張：これをわかってほしい！〉

I am busy!

〈具体：ほら！わかるでしょ？〉

1日の流れ　　　　　　　　発表の流れ

0
9 p.m.　　3 a.m.

6 p.m.　　6 a.m.

3 p.m.　　9 a.m.
12

〈再主張：だから…なんだ！わかったでしょ！〉

That's why I can't do my homework.

図Ⅲ-4　発表用メモ用紙例（中学校編）

ら、発表で使えそうなアイデアをペアと一緒に抽出するなど、事前準備もメリハリを保ちながら行いましょう。常に制限時間を設け、生徒たちを夢中にさせることも重要です。

> TIP：発表の構成とネタ作りの道筋を反映させたハンドアウトでメモを作りましょう。

4. 高等学校編：pre → while → post の授業と統合的な言語活動

　高等学校では、領域別の言語活動のみならず統合的な言語活動が求められます。ここでは、「中学校における学習を踏まえた上で，五つの領域別の言語活動及び複数の領域を結びつけた統合的な言語活動を通して，五つの領域を総合的に扱うことを一層重視する必修科目」（高等学校学習指導要領解説、p.8）として設定された英語コミュニケーションⅠの学習指導要領に掲げられた目標達成をめざす言語活動を紹介します。その中でも、高等学校学習指導要領における英語コミュニケーションⅠの読むことの目標、「イ　社会的な話題について，使用される語句や文，情報量などにおいて，多くの支援を活用すれば，必要な情報を読み取り，概要や要点を目的に応じて捉えることができるようにする」の達成をめざします。関連する言語活動は、「（イ）社会的な話題について，基本的な語句や文での言い換えや，書かれている文章の背景に関する説明などを十分に聞いたり読んだりしながら，説明文や論証文などから必要な情報を読み取り，概要や要点を把握する活動。また，読み取った内容を話したり書いたりして伝え合う活動」（p.46）です。

　複数の領域を結びつけた統合的な言語活動を行う際、多くの先生方がイメージされるのは「教科書本文を読み、話すことに繋げる」という流れではないでしょうか。その際、「pre → while → post」の流れを意識することが重要です。つまり、ある教材を学習する事前準備（pre）、実際に学習する段階（while）、学習内容の定着を狙った事後活動（post）の流れです。

以下では、読む前（pre-reading）、読んでいる間（while-reading）、読んだ後（post-reading）の3段階を設定します。

　読んだ後の段階に話すこと、書くことの活動を組み込みます。唐突に「話しなさい、書きなさい」と言えば、生徒の安心感が損なわれます。読む前、読んでいる間においても、発表用メモを活用し続けることを提案します。具体的には、読む前の段階では本文内容の予測に、読んでいる間には本文内容の確認に発表用メモを使い、読んだ後のアウトプット活動の準備が進んでいるという状況を作り出すことが、技能統合の鍵です。

> TIP：読んだ後の段階におけるアウトプット活動を最初からイメージさせましょう。

（1）　読む前（Pre-reading）

　題材への興味・関心を高め、生徒たちが読んでいる間に活用できる背景知識（スキーマ）が活性化することをめざします。本文に関連する写真やイラスト、動画を見ることで、多少理解が難しい部分があっても、生徒たちが内容を予測しながら本文を読めるようにしましょう。

　話すことの活動で使う発表用メモ用紙を用いて、本文内容を予測する活動を行います。図Ⅲ-5のような、写真やイラストと予測のヒントになる重要表現（Hint）を示した発表用メモを用意しましょう。話すこと用に論理性を予め反映させることで、本文内容の予測も容易になります。

　読んだ後の段階の話すことの活動と同じ形式で（ここでは、リテリングを提案しています）、内容の予測を行います。同じ制限時間内に、重要表現を繋げて文にし、本

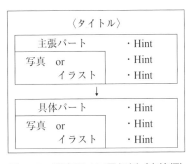

図Ⅲ-5　発表用メモ用紙例（高校編）

当にプレゼンの場に立ったつもりで発表します。主張パートの重要表現（実際は英語）が「高校生、運動量、場所、解決」であれば、「近年、高校生の運動量が減少しています。運動ができる場所が少ないからです。私たちが行える解決策はあるのでしょうか。」と、本文の語り手になりきった予測をさせます。発表用メモの重要表現を用いて、内容のある文を作ることに慣れることが重要です。

　また、この発表用メモを用いて話すこと、書くことの活動を行うことを予告しておくことが重要です。内容理解だけではなく、本文の表現に対しても注意を向けることを促すことができます。

> TIP：Pre-reading の段階から発表用メモを活用し、スキーマを活性化させましょう。

（2）　読んでいる間（While-reading）

　特定の情報を探すスキャニングや、本文の要点や大意をつかむスキミングを通して本文を理解する段階です。スキャニングでは発表に含めるべき内容を探させるように、スキミングでは主張や具体例などの話すことに反映させるべき論理性を意識できるように、読むことの目的を提示しましょう。ここでは、発表用メモを予め完成させた状態で配付することを提案していますが、図表に空欄を設けておくなどして、読むことを通して発表用メモを完成させることも可能です。生徒たちの活動への慣れが進むにつれ、生徒に委ねる割合を増やしていきましょう。

　読み取った内容をペアと確認する時間を設け、発表用メモを活用する時間を作りましょう。同じメモ用紙を用いることで、内容の予測との差がはっきりし、内容理解がより明確になります。内容確認の作業は、内容の予測を発表した活動と同じく、重要表現を用いて文を作り、本文作者になりきって、理解した内容を発表します。重要なことは、後に待ち受けている話すことの活動に使うメモ用紙で、文を作る練習を行う点です。発表用メモからスピーチを組み立てることへの慣れを深めつつ、読んだ後の段階へと進むことを意識しましょう。

　教師が本文内容を整理して、生徒たちが読み取った内容が正しいかどうかを確かめられるようにしましょう。本文内容の整理に時間がかかると、生徒たちの姿勢が受け身になってしまい、話すことへの勢いが失われてしまうことに注意する必要があります。スライドで写真や図を示しながら、生徒たちが英文の内容を短時間で、正確に理解できるようにします。

> TIP：発表用メモを用いて内容理解の確認を行わせましょう。

　話すことの活動の時間をしっかり確保するために、文法や語句の説明を一斉に行う時間をなるべく減らせるようにしましょう。生徒たちにはそれぞれ異なる疑問点があります。文法や語句の解説をB4サイズのプリント一枚にまとめて配付し、一度本文を読んだ後に確認する時間を設定します。苦戦している生徒たちには机間指導で個別の指導をすることもできます。そうすることで、教師が一斉に説明すべき内容を減らすことに繋がります。

　英語に苦戦している生徒が多い場合には、一斉に説明する必要性が生じます。「瞬間英作文」と筆者は呼んでいますが、スライドに短い日本語とその日本語が示す状況の写真を示し、10秒以内に英語にするゲーム形式で、知識を確認するのはどうでしょうか。自然とペアと競争するようになり、盛り上がりながら知識の確認が可能です。すぐに答えを示さず、解説プリントを見ながらペアと一緒に答えに辿り着くよう指示します。その後に一斉に解説をしましょう。この活動を5問ほど行えば、話すことへ向けた勢いを失わずに知識の確認を行うことが可能です。英語が苦手な生徒が多い場合には、問いの日本語を英語の語順にしたり（例えば、「私は行きました、図書館に、この本を探すために」のように）、問いの日本語の中に英語を混ぜて

ヒントを示したりする（例えば、「昨日まで（until）ずっと忙しかった」）ことでフォローしましょう。

> TIP：活動の時間を多く確保するため教師の説明を最少限にし、話すことへの勢いを維持しましょう。

（3）　読んだ後（Post-reading）

　話すこと［発表］へと繋げていきます。ここでは、絵やイラスト、重要表現を手がかりに、読んだ内容を伝えるリテリングを例とします。ゼロからの出発ではなく、読んだ英文を再生する活動であるため、統合的な言語活動を行う第一歩となる活動です（本文をそのまま再現することをめざす story reproduction も有効ですが、「本文とまったく同じ表現を使いなさい！」という義務を生徒に与えず、異なる表現を使ってでも何かを言うことを優先するために、リテリングを例としています）。

　読む前の段階から発表用メモを使い続けて、話すことに繋がることを意識させ続けることがポイントでしたが、必ずリハーサルはしましょう。「2〜3秒何も言えない時間ができたら本文の該当箇所を見ていいですよ」と、リハーサル中の本文確認を促すことで、本文内の表現を確実に学習させましょう。また、メモに新たな表現を書き足すことを認め、自信が持てない生徒を安心させるフォローも必要です。知識の穴に気づき、本文を見直し、再挑戦するという流れを体験させましょう。苦戦している生徒が多くなることが予測される場合、予め習得してほしい表現を示しておくことで、生徒たちはどこを見直すべきなのか把握できます。本文中の該当箇所を太字や下線で目立たせて示すことも可能です。また、スラッシュ付の本文を用意しておくことで、英語をまとまりごとに捉え、話すことと書くことの活動を支援することができます。

　実際のリテリングはペアで話し手と聞き手に別れて行います。1分間という短い制限時間の中で、語数などを要求して、発話量を引き出すようにします。この時、用意した内容をすべて発表できる必要はありません。ペアを変えながら複数回行い、2回目、3回目と、発表内容が増えることで、生徒たちが成長を実感することができます。その都度、ペアと一緒に本文を見直し、「この表現を使えばいいよね！」と、表現の確認をする時間を設けましょう。

　目的・場面・状況を通して生徒の積極性を引き出すことも忘れてはいけません。本文内容に応じて、「○○の重要性を伝えるために」（目的）、「○○に反対の友人に」（場面）、「友人役の聞き手に真剣に語りかけている」（状況）のように設定しましょう。

> TIP：発表もリハーサルも、何度も本文を見返しながら複数回行いましょう。

　次に、話した内容を書いて仕上げます。活動の導入の段階では、生徒の安心感を優先し、「5分間なるべく多くの語を書いて本文内容を再現しましょう」と目標提示して、生徒たちを夢

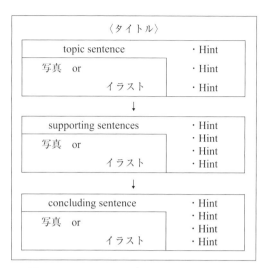

図Ⅲ-6 ライティングのためのメモ用紙例

中にさせます。書くことに対する生徒たちの躊躇を解消することから始め、「なるべく手を止めずに」を強調します。後に、とっさに書いた自分の英語と本文を比較して「あ〜、そうだった！」と気づかせることで、基礎知識の定着を生徒自身が確認することができます。

　生徒たちが活動への慣れを深めていくにつれて、主題文、支持文、結論文等の構成について学ぶ必要があります。これまで強調してきたように、ライティングのためのメモ用紙（図Ⅲ-6）でパラグラフの構成を意識させます。同じ形式の用紙を何度も用いて段階を進めていきながら、時間をかけて定着させていくことを狙いましょう。

TIP：生徒が慣れてくれば、書くことの論理性をより意識した発表用メモを活用しましょう。

　Hint の部分には、主題文、支持文、結論文に特徴的な表現を含めましょう。この発表用メモは読む活動と話す活動で使い続けています。よって、それらの表現を意識しながら本文を読むように促す効果も期待できます。

　見直しは本文と比較しながら、個人 → ペアの流れで行います。ただし、この活動では、本文を丸ごとコピーすることを求めてはいないので、本文は解答例でしかないということを強く伝えておきましょう。例えば、「教科書は過去形だから、ここは過去形に訂正しなきゃ」と単純に教科書をまねしてはいけないということです。ペアとの議論を通して「〜だから、やっぱり教科書通り過去形じゃないとダメだよね」とか、「〜だから、必ずしも過去形である必要はないかもね」のように、文脈の中で文法知識について議論を深めるように意識してください。教師は机間指導を通して生徒の議論を聞き、生徒たちの疑問点を把握しましょう。見直し後に、多くの生徒が感じた疑問点を一斉に説明することができます。

TIP：発表の効果を高めるために、本文を見直しましょう。

> 4．AI Chatbot の登場と、ICT 活用による語彙・文法指導の拡充及び DDL の
> 可能性

　日々進化している AI Chatbot（2023 年 5 月時点）の動向や課題を見てみましょう。さらに、ICT を活用した語彙と文法の指導及び DDL の可能性について、様々なツールを確認していきましょう。

1．AI Chatbot の現状と課題－ 2023 年 5 月時点

　大量のデータを学習し、自動で応答する人工知能（AI）が話題になっています。ここでは英語学習との関係について少し取り上げてみます（2023 年 5 月時点）。

　下記 2 つが話題になっています。
・Microsoft：Open AI の技術を利用して開発した検索機能「Bing」
・Google：チャット型 AI 検索エンジンの「Bard」
また、下記 3 つのサイトが特に活用されています。
・ChatGPT（openai.com）　https://openai.com/blog/chatgpt
・Perplexity AI　https://www.perplexity.ai/
・teachertoolkit.ai.　https://www.teachology.ai/?source=teachertoolkit.ai

これらについて、教員の視点で、簡単にどのようなことができるかを挙げてみます。
・授業の内容に応じた授業資料作成：練習問題や課題だけではなくシラバスなども短時間で
　　　　　　　　　　　　　　　　　作成することができます。生徒個別の学習プログラム
　　　　　　　　　　　　　　　　　も作成可能です。
・テスト問題作成：英語のレベル設定や設問形式などを伝えるとそのレベルや形式にあわせ
　　　　　　　　　て作成することができます（もちろん完全に正確ではない部分もありま
　　　　　　　　　す）。
・翻訳ツールとして活用
・質疑応答：生徒同様に気軽に聞きたいことが質問できます。
＊英会話学習にも活用できます。
　一方で AI の回答をそのまま確認しないで使うなどの情報の信ぴょう性に関する課題も出てきています。教育や勉学に様々な影響が及ぶ可能性があるとして、国内の学校では、利用の基準を示したり、注意喚起をしたりしています。今後、応答時間などの機能もさらに改善され、

新機能も追加されるでしょう。ただ、どのように進んでいってもツールとしてうまく活用していくことに変わりはないのではないでしょうか。AI とどのように付き合っていくのか（どのように頼りにするのか）をしっかりと考えることを伝えていくことが大切であると思います。もし興味・関心を持たれましたら一度体験してみてはいかがでしょうか？（無理やりではありませんので。）

2. ICT 活用による語彙と文法の指導の拡充と DDL の可能性

　児童生徒の言語活動の更なる充実と、指導と評価の効率化が、特に ICT を活用するメリットだと考えられます。この TOPIC では、語彙と文法の指導と DDL（data-driven learning：データ駆動型学習）を含む ICT 活用について紹介します。なお、DDL では、文法やその中心になる語をコーパス（言語データ）で検索すると、学習目標項目を中心に置いた形で用例が表示され、学習目標項目の前後に現れる単語や表現を観察して、実際にどのように使用されているかを見つけて学習することができます。

（1）　具体的な ICT の活用

　ICT の活用は主に下記の 3 つがあります。

・言語活動（特に「話すこと」と「書くこと」）の充実とパフォーマンステスト等の評価への活用
・言語活動で活用するための、文字、「音声」「符号」「語，連語及び慣用表現」及び「文，文構造及び文法事項」などの定着（繰り返し練習）
・一人ひとりの能力や特性に応じた学びの機会の確保

　上記に関しては、「外国語の指導における ICT の活用について」（https://www.mext.go. jp/content/20200911-mxt_jogai01-000009772_13.pdf）を是非参考にしてみてください。

（2）　英語学習で活用できるアプリ（語彙、文法）の注目点

　英語学習のアプリ活用の最大のメリットは、時間を効率的に使えることです。英語は特に短時間でも毎日学習することがポイントです。そのため、少しでも時間ができたらどんな短時間でもよいので、とりあえずアプリで学習するという習慣を身に付けてほしいです。ただし、アプリだけに期待することはやめましょう。普段の学習のオプションとしてアプリを利用するというのが、基本的には英語アプリの好ましい使い方だと思います（もちろん最近は 4 技能をすべて補うプログラム化されたものもありますが）。いずれにしても、自分に合ったアプリを

使いましょう。自分のレベルに合ったアプリを利用しないと逆効果になる場合もあります。

　例えば、「問題をとにかくたくさん解きたいタイプ」向けと、「わからないところをわかりやすく丁寧に解答・解説を知りたいタイプ」向けのものが、特に文法問題などにはあります。前者は問題数が多く、どんどん実力を試せる一方で、解説はあまり親切ではないことが多いです。間違えた時にその理由が自分で分析できるだけの文法力がないと、難しく感じてしまうでしょう。文法事項についてしっかりおさらいしたいなら、解説が多めのアプリの方が適切かもしれません。文法事項をしっかり復習できたと思った段階で、問題が多めのアプリに切り替えてもいいと思います。

　次にアプリを紹介しますが、基本的には無料のアプリです（一部有料のものやバージョンによって有料になる場合もあります）。また、あくまでも一例です。デバイスやネットワークやOS の環境に応じて使用可能かどうかなどは、確認をお願いします（すべて 2022 年 8 月末時点の情報のため、それ以後の変更などに関しても確認をお願いします）。

1）　語　彙

Quizlet：英単語学習アプリ。様々な学習モードがある。

Kahoot：クイズ大会を実施することができる。

Socrative：様々なタイプの問題やクイズを作ることができる。

Quizizz：記述問題もあり、盛り上げるアイテムもある。

Word Engine：現在の英単語力を測定し、知らない英単語だけを繰り返し学習する。

Duolingo：時間をかけ、基礎力を付け、段階的に英語力の向上をめざしたい人向き。

mikan：すべての単語に対して、ネイティブの発音をチェックできる。

anki pocket：学習結果（理解度）を自動的に記録して、5 段階で細かく管理する。

Bright：1 日 10 分で必須英単語を 6,000 個覚える。

Gogengo!：おもしろ語源ストーリーから内容を詳しく知ることができる。

Drops：40 か国以上のスピーキングが学習できる。イラストを活用する。

PrepTutor：オンライン版は英単語クイズがオンラインでできる。

スヌーピーえいご：有料アプリ。

2）　ニュース活用

「ニュースを読みにいくサイト」と「ニュースを素材とした学習用アプリ」。ビジネス向け、和訳付き、Web 版またはアプリ版など、使う前に確認してください。

　CNN：アメリカ合衆国のニュースチャンネル。

　The Japan Times：日本を代表する英字新聞。

The Mainichi（旧名 Mainichi Daily News）：掲載英文記事から、主要な記事を収録。

Nikkei Asia：日本経済新聞社がアジアで唯一英語で発信、アジアの今を伝える記事。

BBC Learning English：中高生向けの英語ニュースサイト。

NHK WORLD JAPAN：ニュース番組や情報番組をラジオ、インターネットを通じて日本と
アジアの今を多言語で、24時間世界に向けて発信。

ざっくり英語ニュース！ StudyNow：国内、海外の英語のニュース（日本語訳付）を紹介。

3）英文法

Grammarly：基本無料でスペルミス、動詞の単複や冠詞、複数形などの基本的なミスを指摘
してくれるサービス。有料版では、ワードチョイスや、時制、前置詞をチェッ
クする機能あり。

動画英文法 2700：有料サイト。"動画"の解説がついた"英文法"に関する問題が 2700 問
ある。

4）DDL（data-driven learning：データ駆動型学習）

SCoRE（Sentence Corpus of Remedial English）：教育用例文コーパス。簡潔で自然な英文と
その日本語対訳をウェブ上で自由に（無料・登録不要）閲覧、検索、コピー、ダウンロー
ド、Web テストに利用できる「データ駆動型英語学習支援プログラム」。

https://h.ddl-study.org/（中高生向け）、https://e.ddl-study.org/（小学生向け）：DDL で学ぶ探
求型英文法の学習 DDL の第一人者である千葉大学西垣先生監修のサイト。

5）発　音

コリンズ辞書：無料のオンライン辞書で類語辞典や参考資料も閲覧できる。

YouGilsh：英語の発音を改善するために YouTube を活用。

BoldVoice：有料サイト。自信を持って英語を話せるようになり、キャリアアップに繋げる。

ELSA Speak：有料サイト。AI を搭載した英語の発音矯正アプリ。リアルタイムで評価して
くれる。

Language Reactor：言語学習を支える強力なツールボックス。

6）翻訳サイト

DeepL：最先端の AI 技術で最高レベルの翻訳精度を実現。有料版もある。

Google 翻訳：100 か国以上の国や地域の言葉に対応。

7)　動　画

VoiceTube：10 万本を超える動画で 4 技能が学べる。

TED（Technology Entertainment Design）：世界中の著名人による様々な講演会を開催・配信している非営利団体。字幕付きもある。

RedKiwi：YouTube の映像を使い、リスニングクイズや自分の音声を録音・再生できる。

8)　動画編集

Flipgrid：課題に対して、レスポンス・コメントができる動画を使った教育用 SNS。

Screencastify：PC 上のブラウザ操作を動画として録画・保存したり、YouTube や Google ドライブのクラウド上にアップロードしたりすることができる。

9)　意見共有

linoit、lino：ブラウザだけで使える無料の付箋とキャンバス。

Wakelet：ウェブ上のコンテンツから、お気に入りのコレクションを作成できる。

Answer Garden：リアルタイムでの参加者とのやり取りや、オンラインでのブレインストーミング、授業でのフィードバックができる。

Edpuzzle：Google Classroom と連携し、動画での学習コンテンツを作成できる。生徒が動画を視聴しているか、内容を理解しているかなどチェックできる。

Yo teach!：コミュニティーベースのツール。

Flippity.net：オンライン授業でビンゴや言葉の並び替えなどのゲームを実施することができる。すべてテンプレートがついている。Google スプレッドシートと活用しやすい。

Dotstorming：リアルタイムでグループのブレインストーミングや決定ができる。

Mentimeter：リアルタイムでアンケートや意見を聞いたり、クイズやプレゼンも作成できる。

Padlet：Web ブラウザで使えるオンライン掲示板アプリ。テキスト、画像、音声、動画、手書きで投稿したり、みんなで閲覧したり、コメントしたりできる。

Jamboard：大型の電子ホワイトボード。クラウドベースで、リアルタイムで共有できる。

Pear Deck：Google スライドやパワーポイント用のアドオン。インタラクティブな授業ができる。

Prezi：魅力的、効果的で記憶に残るプレゼンを作成できる。

Canva：オンラインのグラフィックデザインツール。SNS の投稿、ロゴ、プレゼンテーション、ポスター、動画など、様々なものを作成できる。

3.　最後に

　ICT は、I（いつも）C（ちょっと）T（トラブル）ですが、是非とも I（いつも）C（ちょっと）T（使ってみる）してみてください。

5. 直読直解と中高生の英英辞典活用の奨励

1. 直読直解の能力育成のための英英辞典指導への筆者の気づき

　中等教育の英語授業では、旧来から「文法訳読式指導」が行われてきました。英語4技能の育成において、「読むこと」の技能を高めていくためには、例えば、文法と英文を読む力は必ず涵養していかなければいけません。書かれていることの意味がわからなければ、正確に意思疎通が行えない、相手の意図を汲み取ることができない、などの不都合が生じてしまうことになります。

　明治期以降、教育の制度が政府によって整備され、全国津々浦々、どこの学校でも等しく同じ教育が行われるための政府の施策が繰り返して実施され、現在にも残る学校教育制度は確立されていきました。ただ、外国語教育はまず、「外国語を正確に理解し、解釈すること」に重きが置かれ、外国人と意思疎通を行うこと、もしくは、自らがその言語を使って自分の意思を伝えたり述べたりすることは二の次に置かれていたと考えています。

　日本語を介して英語を理解することを考えた時、英語を認識し、理解する速度には遅延が生じます。書かれた英語を英語のまま理解しているネイティブスピーカーの理解の速度と、日本語母語話者が日本語を介して英語を理解する速度では、後者が遅くなるのは当然のことです。「読むこと」と「聞くこと」の技能に絞ってこの点を次に考えてみます。

　「読む速度が遅い」や「リスニング素材のスピードが速すぎてついていけない」といった生徒の悩みは、「理解の際に日本語を介する」という障壁があるからではないかという仮説が成り立つのではないでしょうか。「もし仮に、英語を英語のまま理解できたら、学習者は理解の遅延を解消できるのではないか、あるいは母語を介することによって生じる解釈の誤解、ニュアンスのズレを極力回避して、英語本来の意味をより正確に理解することができるのではないか」。All in English の授業の際の生徒たちが書いた振り返りを読んでいる時に、そのような示唆が閃きました。筆者が直読直解の能力を育成するために英英辞典を使った指導を行うきっかけとなったのはこのような気づきからでした。

2. 英英辞典指導の際に筆者が抱いた不安や懸念

　先述の「気づき」があった一方で、筆者は不安や懸念を抱きました。その具体例を列挙して、解決方法を述べます。

(1)　英単語の語義を英語で読んだ場合に、そもそも生徒はその英語が理解できるのだろうか。

　英単語の語義を英語で読んでも、そもそもその英語がわからなければ意味がわかるわけはありません。文部科学省が「中学校学習指導要領　外国語編」で示している文法の知識は必要です。高校での英語授業でも、同様のことが言えます。

　生徒の文法理解の習熟度や語彙習得数などは、どの教育現場でもばらつきがあるのが当たり前のことです。指導をする際には、「語義を記した英文を前から区切って意味を言う」「馴染みにくい表現や語彙は指導者がその都度教える」を生徒が慣れ親しむまで繰り返す必要があります。

　例えば、以下のように書かれた名詞の語義は、名詞の後ろに修飾語が連なる後置修飾の概念が理解できていないと読めませんので、英英辞典を引きながら、後置修飾に慣れていくことが重要です。名詞の後ろに続く修飾語句は以下のように広がります。

　・名詞＋前置詞句（前置詞＋名詞）
　・名詞＋ to do（不定詞）
　・名詞＋〜 ing/ 〜 ed（分詞）
　・名詞＋関係代名詞（通例 that で導かれている）

　また、名詞の語義の説明には、例えば address の語義のように、Your address is where you live. の where you live といった名詞節も多用されるので、これもその都度、生徒に教示して、慣れさせていかなければいけません。辞書で age を引くと、例えば、Your age is how old you are. という文が書かれていたりするでしょう。これも、「きみの年齢ってね、それって＝イコール、何歳、あなたって、という意味になるんだよ」というように生徒には教えます。文法用語を多用することは不要です（そもそも、「中学校学習指導要領　外国語編」では、いわゆる禁じ手の扱いです）。すなわち「使いながら英語に慣れ親しんでいく」という発想に切り替えていくのです。

(2)　英語が苦手な生徒は、すべて英語で書かれている辞書を使った学習で英語嫌いになるのではないだろうか。

　英語が嫌いや苦手だと思う原因は、「英語の意味がわからない」「単語や文法を覚えるのに苦労する」「理解と授業の速度が噛み合っていない」「英語に触れる機会が生活の中にほとんどないので英語に触れることに慣れていない」などに起因しています。英英辞典を使って学習することは、その都度、英文に触れ、慣れ親しむことです。少しずつ生徒の理解を高めていくというつもりで進めていくことが重要です。

　生徒たちが使う英英辞典の語義の英文には、難解な文法用語や理解が困難な文法解説は、当然のことながら一切掲載されていません。例えば、adventure という単語を *Oxford Reading Tree Dictionary*（Brichta et al., 2020, OUP）で引くと、An adventure is something exciting that happens. という定義が載っています（p.8）。これは、something という名詞の後ろに、exciting という現在分詞が後置修飾されており、なおかつ、something という先行詞を説明する部分が that happens と続くわけです。この例でもわかる通り、あえて難解な用語を使って理解していくよりも、英文を前から感覚的に理解していくことの利便性がとてもよくわかります。

（3）　日本語の意味がわからないと、英単語の意味を英語のまま理解しても頭にモヤモヤ感が
　　　　残ったままになるのではないだろうか。

　英英辞典を使った指導の初歩の段階では、前述の通り、英語を文の頭から英語の語順のまま理解できるように指導していきます。その際、最少の日本語を使って、英文を頭から固まりごとに理解をしていく方式をとっていきます。

　中学校や高校の英文法では、S、V、O、C という要素を指導することがあると思います。英英辞典を用いて直読直解の指導をする際も、この記号を大いに活用して指導を行っていきます。S、V、O、C の要素を以下のように分けて、英文を後ろから前に返さずに、頭から理解していけるように指導するのです。この方式を「船フック」と呼んでいます（詳しくは『究極の英語学習法　はじめての K/H システム』（国井信一・橋本敬子、アルク）に掲載されていますので、興味がある方は参照してください）。

①　S＋V は、英文がどのように形成しても必ず一番前に来るので、これを船に乗っているように例えて、S＋V が船に乗っているイメージを生徒に提示します。
②　S＋V の後に続く目的語、補語、修飾語句などは、すべて「あとから付け足される情報」として生徒に教えます。
③　どんな風に、どこで、いつ、などの修飾部の語句はその後に続くと教えます。

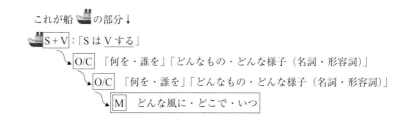

　次の英文（英文は筆者オリジナル）を、上記の船フックの方式で頭から理解していくと、次のような解釈となります。

Children today are familiar with how to use smartphones to some degree. This is simply because they start using these devices when they are very young. They swipe their fingers across the screen constantly. Therefore, they easily get accustomed to using them on their own.

　これを船フックの方式で生徒に教えるときは、以下のような日本語で教えていきます。S＋Vの形（この部分が船）の後に情報が付け足されていっているS＋V＋ a の形です。図解は以下の通りです。

Children today are ^{今の子供たちはね、}

　　　familiar ^{詳しいんだよ}

　　　　　with how to use ^{使い方が、さ}

　　　　　　　smartphones ^{スマホのね}

　　　　　　　　to some degree. ^{ある程度はさ。}

This is simply because ^{それは単純な理由としてね、}

　　　they start using ^{使い始めるんだ}

　　　　　these devices ^{この機械をね}

　　　　　　　when they are very young. ^{すごく幼い時にね。}

They swipe their fingers ^{指をスワイプするんだよ}

　　　across the screen constantly. ^{しょっちゅう画面を左右に。}

Therefore, they easily get accustomed ^{だから簡単に慣れちゃってさ}

　　　to using them on their own. ^{使えるんだよ、自分で。}

3. 英英辞典を活用して、英文法に慣れ親しむ

　英英辞典を実際に引いていくと、学校で習う文法項目が自然な形で出てきていて、definition（語義）は簡潔でわかりやすく書いてあります。以下に、オンライン版ロングマン現代英英辞典版より一例を示します（https://www.ldoceonline.com/jp/ より定義を一部抜粋）。

（1）名　詞

zoo: *a place, usually in a city, where animals of many kinds are kept so that people can go to look at them*

　　「ある場所、通常は街の中にあり、そこにたくさんの種類の動物が飼育されていて、動物を鑑賞できる」

《名詞を引く際に出てくる語義の書かれ方の特徴と指導上の注意点》

　→名詞の説明は通常、普通名詞や代名詞が使われることが多いです。

→ 名詞の説明は後置修飾の形で行われることが通例です。

→ 関係詞は that がよく出てきます。その際、先行詞は something、someone、some place、some area などになることが多いです。

→ 関係詞 where、when なども多用されます。where「その場所は」、when「その時には」と日本語で指導すると直読直解に慣れやすいです。

(2) 動　詞

climb: *to move up, down, or across something using your feet and hands, especially when this is difficult to do*

「登ったり降りたり、何かを横切ったりすること、使うのは手足、特にそれが困難な場合には」

《動詞を引く際に出てくる語義の書かれ方の特徴と指導上の注意点》

→ 動詞の説明は to do の不定詞を使って行われます。

→ いわゆる単語帳などに出てくる一語一意味式の語義説明ではないため、語の定義が一定の広がりを持ちます。例えば run や come などが良い例。

→ 分詞構文を使って、意味を付け足していく説明が行われるため、分詞構文の理解はとてもしやすいです。

(3) 形容詞

strong: *having a lot of physical power so that you can lift heavy things, do hard physical work, etc.*

「体の力がとても強くて、そのために重たいものを運べたり、肉体労働したりできるなど」

《形容詞を引く際に出てくる語義の書かれ方の特徴と指導上の注意点》

→ 形容詞の語義は分詞を使って説明することがよくあります。また、名詞や代名詞の説明を行って、形容詞そのものの意味を定義する場合もあります。

(4) 副　詞

usually: *used to talk about what happens on most occasions or in most situations*

「使われるのは何かが起こったのが通常の場合、あるいはほぼ日常的な場合」

《副詞を引く際に出てくる語義の書かれ方の特徴と指導上の注意点》

→ 副詞の語義は、動詞、形容詞、副詞を修飾する定義なので、そもそも「副詞とは何か」を理解できていないと生徒は戸惑います。ですから「動詞、形容詞を説明する言葉だよ」と何度も説明する必要があります。

4.　日本語の意味を覚えてしまった方がよい場合もある

　英英辞典で、様々な場面でその都度使用し、直読直解に慣れていく環境を育てていきます。一旦慣れてくると、英英辞典を引くという作業そのものがごく自然で当たり前のことになってくるので、生徒たちも違和感なく取り組んでいくことができます。

　一方で、慣れてきても、どうしても「英語のまま理解している頭の状態」がもどかしく感じられて、「日本語ではなんというのだろうか」と思うこともあります。その際は、柔軟に日本語での意味確認を行うことで、学習時に生じる理解の障壁を取り除くことができます。例えば、inevitably、resilience、vulnerable の単語をオンラインで使える *Oxford Advanced Learner's Dictionary*, 10th edition で引くと、次のような definition が出てきます。

　　・inevitably: *as is certain to happen*
　　・resilience: *the ability of people or things to recover quickly after something unpleasant, such as shock, injury, etc.*
　　・vulnerable: *weak and easily hurt physically or emotionally*

　これらの語を英語のまま理解しておきなさいと指導しても、この単語の意味がさっと出てくるのは至難の技です。日本語でそのまま、inevitably：必然的に、resilience：回復力、vulnerable：もろさ・弱さと記憶しておくことの方が、意味理解のしやすさから考えて、利便性が高いのです。

　英単語の語彙のレベルは、その都度、指導者が確認しながら、生徒が最も記憶しやすく、なおかつ、できるだけ日本語を介さずに理解できる基礎語彙のレベルで英英辞典をどんどん活用していくという方法が有効です。

　一人でも多くの日本の子どもたちが、英英辞典を使って、英語の自然な表現に触れ、英語を学ぶ喜びを経験してくれることを、心から願っています。

6. 多聴・多読・多話・多書の指導

1. 多聴・多読・多話・多書に舵を切ったわけ

　十数年前、和書読書は好きなのに、英語ではスラスラ本が読めるようにならない挫折感を感じていた頃、「やさしい絵本から始める多聴・多読」に筆者は出会いました。さらに、武庫川女子大学附属中学校・高等学校で行われていたフリーライティング形式の多書指導を知ったこともあり、どうせなら4技能全部を指導してみようと、多聴・多読・多話・多書指導の試行錯誤が始まりました。

　「英語は苦手だけど、多聴・多読・多話・多書は好きです。」これは、4技能指導に舵を切って間もない頃、ある高校生が残した言葉です。授業で取り組んだ多聴・多読・多話・多書の特徴は、「興味・関心に合った、自分の力に合ったものを選ぶこと」と「気楽に取り組めること」でした。彼女は英語には苦手意識があったようですが、多聴・多読・多話・多書においては、自分なりに達成感を感じることができたのかもしれません。

　数年前、ある公立中学校に出前授業に行く機会がありました。「英語でできるようになりたいこと」を事前に尋ねたところ、様々な技能の中で、何よりも英語で話せるようになりたいと考えている生徒が一番多いことがわかりました。

　私たちは、生徒たちのニーズや力に合っていないことを、こちらの都合で教えすぎてはいないでしょうか。そのために、「主体的」に学ぶ生徒を育てられていないのではないでしょうか。学んでいることを「自分事」と感じられないので、多くの時間を英語学習に費やしても定着しないのかもしれません。

　「主体的な学び」を支える土台になるのは、やっていることに意味を感じられること、つまり「自分事」として捉えることができるかどうかにかかっていると筆者は考えています。これから筆者が紹介する4技能・五領域を育成するための取り組み「多聴・多読・多話・多書」は、次の3つを大きな柱としています。

1. Fluency First（流暢さの育成を優先する）
2. Meaningful Input（自分の興味・関心のあるものを聞く・読む）
3. Meaningful Output（自分の興味・関心のあることについて表現する）

　従来の日本の英語教育のような、正確さを求めすぎる Accuracy First のスタイルではなく、Fluency First で、まず流暢さを育成することに注力します。これは、CEFR（Common

European Framework of Reference for Languages：Learning, teaching, assessment：外国語の学習、教授、評価のためのヨーロッパ共通参照枠）に合致した流れです。CEFR は、外国語運用能力を同一基準で測ることができる国際標準で、初級レベルから Pre-A1、A1、A2、B1、B2、C1、C2 と設定されています。初級レベルの Pre-A1 や A1 レベルではフレーズレベルの片言で表現することや単純な表現を用いて表現できるなどの記述があり、「流暢さ」に関する記述は、レベル B1 から B2 にかけて登場します。「明瞭に」表現する力や「正確に」自己表現ができることや、「構成力」「論理展開」などに関する記述が、より上位のレベルの C1、C2 に位置づけられています。

　自分の力に合ったものを選んで多聴・多読し、自分の力に応じて表現することで歯車が噛み合い、流暢さを最大限に伸ばすことができるようになります。その土台の上に「正確さ」や「構成力」を身に付けさせるのが一番無理のない方法であると考えます。

　それでは、これから十数年におよぶ試行錯誤の中から生まれた、「多聴・多読・多話・多書」の実践例とコツについて紹介をしていきましょう。

2.　多聴・多読指導

　ここで紹介する「多聴・多読」とは、辞書をほとんど使わず、一度聞いたり読んだりするだけで概要がつかめるような、「自分の今の英語力よりも少しやさしめな」ものを大量に聞いたり読んだりすることを指します。日本の英語学習者に圧倒的に不足しているのは、このような自分の力に合ったものに触れる量です。一度聞いただけでは話の流れがつかめないものばかり聞き、辞書を頻繁に引かなければ読めないものばかり読んでいると、言語運用能力を高めることが難しくなります。多聴・多読支援のためには、大量の「やさしい」洋書が必要になります。

(1)　多聴・多読環境の整備

1)　図書購入費確保

　オンラインで多聴・多読をするなら、Xreading や e ステなど生徒が使用料を負担するサービスがありますが、紙の本や朗読 CD を揃えるなら予算確保が課題となります。予算確保が難しいなら次のやり方はどうでしょう。生徒用教材費で一人一冊ずつ全員違う本を購入します。まずクラス内で回し読みをし、次にクラス間で交換し、また回し読みをさせるのです。こうすればまとまった図書予算がなくても一定量の多読をさせることが可能です。また、ある公立高校の先生曰く、管理職の許可を得た上で、卒業前に献本を募ったところ、ほとんどの生徒が献本してくれたので、一気に本が増えたそうです。

2) どんな本を揃えるか

　生徒の興味・関心と英語力に合った本を提供できるよう、本の数や種類は多いほど理想的です。絵本、児童書、Graded Readers（外国人英語学習者向けにレベル分けされた洋書／Pearson English Readers など）、Leveled Readers（ネイティブの子ども向けにレベル分けされた洋書／Oxford Reading Tree など）、ペーパーバック、フィクション、ノンフィクションなど様々な本があります。短くやさしい本ほどサクサク、たくさん読めるため、冊数が必要になるので、ピラミッド型にやさしい本ほどたくさん揃えるようにしましょう。多読用洋書の中には、朗読 CD を購入できるものや、無料ダウンロードできるものがあります。音声を聞きながら読書（音読書）できると効果的です（声、効果音、BGM、歌付き絵本など）。音声は、読書が苦手な人にとって多読の敷居を下げてくれる救世主となり得ます。表紙、裏表紙、背表紙のデザインやイラスト、本文中のイラストも重要な要素です。漫画やアニメで目の肥えている若者にとってイラストは特に重要な要素です。また、日本語に翻訳された本は、ほとんどハズレがないので、本を選ぶ際の参考になります。

3) 本のレベル分け

　多聴・多読においては自分に合った本選びが鍵を握ります。筆者の勤務校では、語数、ページ数、日本多読学会の YL（読みやすさレベル）などを参考に、L0 ～ L15 の 16 段階にレベル分けし、ラベルシールを貼付してレベルがひと目でわかるようにしています（ラベルシールが本の裏表紙の右上に貼られています）。

写真Ⅲ-1　多読図書とラベルシール

表Ⅲ-1　多読用洋書レベル分け表

福岡女学院中高大（＋坂本蔵書）多読用洋書レベル分け																
レベル	L0	L1	L2	L3	L4	L5	L6	L7	L8	L9	L10	L11	L12	L13	L14	L15	
平均語数	50	100	300	600	1500	3000	5000	7000	10000	15000	20000	30000	40000	50000	80000	100000 ～	
平均ページ数	10	15	20	25	35	50	60	70	90	120	130	140	150	200	300	500	
YL（読みやすさレベル）	0.0-0.2	0.1-0.5	0.3-0.8	0.6-1.2	1.0-2.0	1.5-2.5	2.0-3.0	2.5-3.5	3.0-4.0	3.5-4.5	4.0-5.0	4.5-6.0	5.0-6.5	6.0-7.0	6.5-8.0	7.0 ～	合計
タイトル数	729	1297	1054	1079	1390	818	638	725	566	588	271	238	206	143	91	34	9867

4)　読書記録：Book Diary とレベル別読破冊数記
録表

冊数や語数の記録用紙（Book Diary）やレベル別
読破冊数記録表があると、読書量を「見える化」す
ることができて、達成感を持てるので、もっと読も
うという気持ちが湧いてきます。

写真Ⅲ-2　**Book Diary**（多読記録帳）

表Ⅲ-2　**Book Diary** 記入例

18	5/17	Bigger						5	5	どんな生き物にも	1 ②3
	0					2	3	0	7	こわいものはあるんだなと思った。	
19	5/17	The Teeny Tiny						6	8	mouse…ねずみ	①2 3
	0	Man				2	3	7	5	GIANT…大きい	

表Ⅲ-3　レベル別読破冊数記録表

※本を読むごとに読んだ本のレベルを1コマ、日付を記入してマーカーでぬりつぶす。　例 4/15
※各レベル最低50冊は読もう。50冊くらい読んだら次のレベルの本に挑戦してみる。難しいと感じたら下のレベルに戻ってもう数十冊読む。

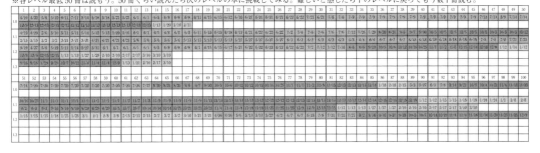

(2)　時間・機会の確保

スマホや SNS 全盛の今の時代に、自宅での読書を
期待するのは非現実的です。したがって、朝読の時
間を英語読書に充てたり、授業中に多読時間を確保
するのが理想です。授業時間を読書に充てることに
抵抗を感じる先生がおられるかもしれませんが、3年
間多聴・多読に取り組んだ高校生を対象にした筆者
の研究で、英語成績及び読書記録を検証した結果、

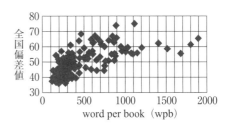

図Ⅲ-7　2012 年度高3進研模試7月

図Ⅲ-7、表Ⅲ-4のように、読了総語数（total word count read）、一冊当たりの平均語数 wpb
（average word count per book）ともに英語成績との間に正の相関があること、また読了総語数
（total word count read）より一冊当たりの平均語数 wpb（average word count per book）の方

表Ⅲ-4　2012 年度卒業生　高 3 時の読了総語数及び **wpb** と英語成績との相関（**n**＝151）

2012 年度卒業生多読記録	2012 年度高 3					
外部模試	4 月 スタサポ	6 月 進研マーク	7 月 進研記述	9 月 進研マーク	10 月 進研記述	11 月 進研マーク
平均累計語数	157150	167425	176437	191243	198280	205633
平均累計冊数	302	330	352	372	388	400
平均 wpb	521	508	502	514	512	514
累計語数－偏差値　相関	0.47	0.39	0.42	0.38	0.38	0.33
平均 wpb－偏差値　相関	0.69	0.60	0.66	0.59	0.60	0.57

が英語成績との相関が強いことがわかりました。

　累計語数と成績との相関が wpb より低いことは、自分の力に合っていない長い難しい本を単発で読んでも英語力がつきにくいことを示唆しています。

　いきなり 1 コマ全部を読書時間にするのは無理があります。授業内多読をするにしても、生徒たちの和書読書の習慣や集中力などを考慮し、クラスの状況に合わせて、帯活動として毎回 10 分多読をする、あるいは多読以外の帯活動の時間を調整して、クラスの力に応じて多読時間を伸ばしていくなど、カスタマイズする必要があります。朗読音声があると、集中力が長続きします。読み聞かせ（Story Telling）もおススメです。朗読音声もよいですが、先生が生で読み聞かせをしてあげるとより楽しめるようで、生徒たちには大人気です。

　現在筆者が教えている中学 3 年生の生徒たちは、中学 1 年生から基本的に週に 1 コマを使って多聴・多読をしていますが、1 学期末の時点で学年平均読破冊数が 430 冊を超えました。

（3）　多聴・多読の効果

　文法・訳読・丸暗記偏重の勉強だと格差が広がることが多いですが、自分の力に合う、興味ある教材を選ぶ多聴・多読は、肩肘張らず楽しく続けられ、その結果、量をこなせるので、誰でも自分のペースで着実に力を伸ばすことができます。やさしい本から始められ、興味のある本を自分で選ぶことができるので、勉強や読書が苦手という生徒も、多聴・多読は楽しい、好きだと言います。子どもの頃から和書の一冊も読み切った経験があまりなかったというある卒業生は、洋書多読がきっかけで和書も読むようになり、大学在学中は図書館でアルバイトをするくらいの本好きになっていました。

　多聴・多読によって、集中力を保ちつつ聞き続ける力と読み続けるスタミナがつきます。従来の英語学習を短距離走に例えるとすれば、多聴・多読は長距離走トレーニングに似ていて、一定の理解度で、長時間講義を聞き続けたり、長い本を読み続けたりするのに必要な力が身に付きます。また、多聴・多読によって、概要把握力が養われます。短くても一つのまとまった文章を聞き通す、読み通すという経験を何十回、何百回と積むので、全体の流れをつか

む力が飛躍的に向上するのです。さらに、前後の文脈やイラストから未知語の意味を考えることが多いので、未知語の意味類推力がつきます。これは、辞書を引きながら読むことができない入試でも役立つ力です。

（4）　多聴・多読を成功させる配慮や工夫

多聴・多読をより楽しむために、また継続するために、様々な配慮が必要です。英語多読を始めるにあたって、まず伝えたいのが「絵を読む」ことです。文字に表現されていない情報を楽しめるかどうかで物語の理解力に大きな違いが生まれます。多読を始めたばかりの頃は、徹底的に好きなジャンル、シリーズ、作家にこだわった「選り好み読み」を推奨します。英文に抵抗を感じなくなってきたら、幅広く様々なジャンルの本を読む次の段階です。

友人や先輩の声も力になります。定期的にアンケートを取り、コメントを集約し、シェアします。先生に言われるより、友だちや先輩の声の方が、説得力があります。

安心して読書を楽しんでもらうために、多読と成績の相関を定期的に検証しましょう。高学年になるほど生徒も保護者も先生も不安にかられてきます。そのため読破語数や読破冊数など読書記録が役立ちます。読書記録と外部試験の成績データを検証し、さらに多読を行っていないクラスや学年の成績データと比較検証するとより説得力が増します。

3.　多話・多書指導

大学入試の変化に伴い、英語で表現することや英語で発表することの必要性が高まっています。多聴・多読では、文脈の中で語彙を習得していくため、スピーキング（やり取りや発表）やライティング（エッセイやクリエイティブライティング）などの表現教育との相性が非常によいので、アウトプットの機会を定期的に与えると効果的です。以下に（1）〜（10）の多話・多書（表現活動）指導例を紹介します。

（1）　Show & Tell（中学 1 年 1 学期期末実践例）

自分の好きなものなどについて、イラスト・写真・小道具などを見せながら発表します。

（2）　世界の国紹介プレゼン（中学 1 年生 2 学期中間実践例）

世界 8 地域（1. 北アメリカ、2. 南アメリカ、3. アジア、4. 東南アジア、5. 中東、6. ヨーロッパ、7. 北欧、8. アフリカ）にある国について発表します。どの地域のどの国について発表するのかをグループで話し合って決めます。

・個人評価［1. 発音、2. 声の大きさ・明瞭さ、3. アイコンタクト・身振り・手振り、4. 暗記］

・チーム評価［1. チームワーク、2. ヴィジュアル・インパクト（発表スライドや小道具）］

（3） グループ読み聞かせ（中学1年生2学期期末実践例）

　絵本をスクリーンに投影して、舞台で役割を演じながら読み聞かせをします。絵本はストーリーが明快でイラストが見やすくて登場人物（動物）が少ないものが最適です。

（4） 自己紹介動画作成（中学2年生1学期中間実践例）

　下書き原稿の添削をしてあげた後に動画を撮影します。ただビデオを撮るだけでも構いませんが、中には映像編集技術に長けた生徒もいるので、映像を編集してもよしとします。提出してもらった映像を教室で写して教室のみんなにも観てもらいます。

自己紹介動画 Criteria 評価基準	Pronunciation & Voice Control 発音 & 発声	Facial Expressions & Gestures 表情 & 身振り手振り	Memorization & Eye Contact 原稿暗記 & アイコンタクト	Content 内容 (Specific 具体的 Unique 独創的)	Visual Impact 映像インパクト	Total
	0・2・4・5	0・2・4・5	0・2・4・5	0・2・4・5	0・2・4・5	/25

（5） 海外研修企画プレゼンテーション（中学2年生1学期期末実践例）

　「あなたは旅行代理店で中高生向けの海外研修プロジェクトチームに配属されました。1. 生徒・保護者の「安全・安心」、2. 費用（保護者目線＋企業目線）、3. 独自性・魅力（どんな経験や学びができるか）の3点に考慮して、海外研修の企画をしてください」という設定で中高生向けの海外研修をグループで考えて英語でプレゼンをします。

海外研修企画 Criteria 評価基準	個人評価			チーム評価					Total
	Pronunciation & Voice Control 発音 & 発声	Facial Expressions & Gestures 表情 & 身振り手振り	Memorization & Eye contact 原稿暗記 & アイコンタクト	Visual Impact 映像インパクト	Unique & Attractive 独自性 & 魅力	Cost 費用 (Reasonable & Cost Performance)	Safety & Security 安全・安心	References 参考文献・参考資料（本の題名、ネットリンク先などまとめて事前に提出）	
	0・1・2・3	0・1・2・3	0・1・2・3	0・1・2・3・4	0・1・2・3・4	0・1・2・3	0・1・2・3	0・1・2	/25

（6） Skit：寸劇（高校1年実践例）

　シナリオ作成から演技・演出まですべてグループで考え、英語劇作りを楽しみながら、英語で表現する力や団結力を養います。1. 台本（ストーリー）の内容、2. 表現力・演技力、3. 発音・リズム・抑揚、4. アイコンタクト・声の大きさ・明瞭さなどを評価します。

（7）　Different Endings：物語のエンディングを考える（高校1〜3年実践例）

　物語の冒頭だけを読み、その続きを考えて書く創作活動。ジャンル・登場人物の設定、出来事など、下のようなワークシートを使ってプロットを考えてからストーリーを書きます。

Creative Writing Sheet							Time	Place	Main Characters	Main Events（出来事）

Plot（Story Ideas）

Genre：〔SF / Romance / Fantasy / Mystery / Thriller / School story / Comedy / Others（　　）〕

Characters	Personality	Family & Friends	Job	Hobbies Skills	その他

Ideas & outline of your story:

Personality word list

kind / friendly / unfriendly / outgoing（外交的な）/ active（活発）/ responsible（責任感がある）/ shy / quiet / reliable（信頼がおける）/ fun-loving（楽しいことが好き）/ sociable（社交的な）/ rebellious（反抗的な）/ evel（邪悪な）/ easy-going（お気楽な）/ serious（真面目な・かたい）/ diligent（勤勉な）/ mean（意地悪な）/ honest（正直な）/ faithful（誠実な）/ smart（頭がいい）、clever（頭の回転が速い）/ intelligent（聡明な）/ funny（ユーモアがあって面白い）、interesting（経験豊富で人間として面白い）/ unique（変わった）/ nervous（神経質な）/ patient（我慢強い）/ thoughtful（思慮深い）/ childish（子どもっぽい）、childlike（子どもの様に純心な）/ selfish（わがままな）/ innocent（純真な、天真爛漫な）/ talkative（お喋りな）/ stupid（馬鹿な）/ lazy（怠惰な）/ loose（だらしない）/ brave（勇敢な）/ jealous（嫉妬深い）/ sensitive（繊細な）/ moody（気分屋）/ aggressive（攻撃的な）/ competitive（競争心が強い）/ independent（自立している）/ immature（未熟な）/ polite（礼儀正しい）/ forgetful（忘れっぽい）/ conservative（保守的な）/ enthusiastic（熱狂的な）/ perfectionist（完璧主義者）/ genins（天才の）/ peace-loving（平和主義者）/ creative（創造的な）/ free-spirited（自由奔放な）/ trustworthy（信頼できる）/ masculine（男性的な）/ feminine（女性的な）/ optimistic（楽観的な）/ pessimistic（悲観的な）/ secretive（秘密主義の）/ dogmatic（独善的な）/ loud（やかましい）/ nerd（オタク）/ negative（批判的な）/ passive（消極的な）/ introvert（内向的な）/ close-minded（心が閉鎖的な）/ open-minded（心が広い）/ wild（野生的な）/ neat（きちんとしている）/ obedient（従順な）/ down-to-earth（現実的な）/ short-tempered（短気な）/ a show-off（目立ちたがり屋）/ tomboy（お転婆娘）/ lazy（怠惰な）

（8）　Book Review：書評（高校実践例）

　洋書を読み、あらすじ、感想、オススメのポイントとイラストで本のお勧めをします（図Ⅲ-8）。

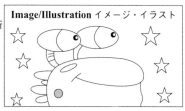

Series シリーズ名：　*RSI Red*
Title 題名：　*Super Market on Mars*
Recommendation（オススメのポイント・紹介）：英語にならない所は日本語混じりで
I read a this book very interested. Because, The book is cavcuter（キャラクター）は変できもちわるいけど *Very cute.*
It is big two eyes and two hund. It is きもちわるい *But, Cute. It is*
Porple mouse. I like coller Popole It is very interested.
英語で書いた語数：（ 38 ）語

図Ⅲ-8　**Book Review Sheet**

（9）　Kamishibai Presentation：紙芝居プレゼンテーション（高校1〜3年実践例）

　教科書本文をパートごとにイラストとキーワードを使って要約した紙芝居スライドを見せながらプレゼンをします。

（10）　日本語混じり OK　3-Round BRACE TALK & WRITING

中学でも高校でも使える、スピーキングとライティングを組み合わせた活動を紹介します。

1）　トピックを提示する。

2）　Brainstorming（マインドマップを使ってネタを練る）

ネタを練る時は、文を書かず日本語でも英語でもよいのでキーワードだけ書き留めるように伝えます。Brainstorming の段階で文を書いてしまうと、話す時に文を読みあげるだけになってしまい、アドリブ力が育ちません。早めにネタを出し尽くした生徒には、

①　筋道を立ててわかりやすく話すために、

②　説得力を増すために、

③　聞き手をより引きつけるために、

　　順番を考えてキーワードに番号を書くよう伝えます。

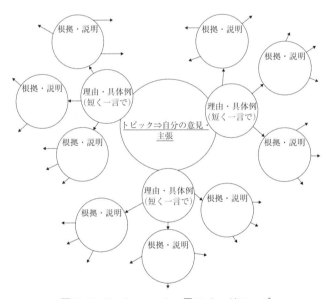

図Ⅲ-9　**Brainstorming** 用マインドマップ

3）　Round 1（3 人 1 組で順番に話す ABC TALK）

Asker（聞き役：ツッコミ・相槌・質問役）：「日本語でも英語でもよいので、話す人が話しやすいよう、気持ちよく話せるよう、ツッコミ・相槌・質問で助けてあげること。笑顔も忘れずに」と伝えます。

Boke（ボケ役：話す人）：「3 秒くらい考えて英語が出てこなかったら、日本語混じりでよいので話し続ける。沈黙を続けるよりは、日本語混じりでも話し続ける方が大切です」と伝えます。発話時間は最初 1 分がちょうどよい。

Counter（語数カウント役）：ワードカウンターを指でなぞりながら発話語数を数える。厳密

図Ⅲ-10　**ABC TALK** の配置

start

1	40	41	80	81	120	121	160	161	200
2	39	42	79	82	119	122	159	162	199
3	38	43	78	83	118	123	158	163	198
4	37	44	77	84	117	124	157	164	197
5	36	45	76	85	116	125	156	165	196
6	35	46	75	86	115	126	155	166	195
7	34	47	74	87	114	127	154	167	194
8	33	48	73	88	113	128	153	168	193
9	32	49	72	89	112	129	152	169	192
10	31	50	71	90	111	130	151	170	191
11	30	51	70	91	110	131	150	171	190
12	29	52	69	92	109	132	149	172	189
13	28	53	68	93	108	133	148	173	188
14	27	54	67	94	107	134	147	174	187
15	26	55	66	95	106	135	146	175	186
16	25	56	65	96	105	136	145	176	185
17	24	57	64	97	104	137	144	177	184
18	23	58	63	98	103	138	143	178	183
19	22	59	62	99	102	139	142	179	182
20	21	60	61	100	101	140	141	180	181

図Ⅲ-11　ワードカウンター

に数えられなくてもよい、アバウトでよい」と伝えます。話し手は数えてもらった語数を聞いて記録用紙に記入します。たくさん話せるようになったら、語数ではなく文の数をカウントさせます。

4）　Round 2（メンバーを変えて再び 3 人 1 組で順番に話す ABC TALK）

5）　Round 3（メンバーを変えて 4 人 1 組で話す BEAR TALK）

> ・Boke（ボケ役：話す人）
>
> ・Evaluate（評価シートにスピーキングの評価を書く人）
>
> ・Asker（ツッコミ・相槌・質問する人）
>
> ・Record（スピーチの録画をする人）

　話し手は、ワークシート（マインドマップ裏面に「スピーキング評価をするレーダーチャート」がある）を評価役に渡します。ワークシートを渡すと、プリントを見ながら話すことができなくなるので、身振り手振りやアイコンタクトが増えて一石三鳥です。

　また、話し手は、録画役に自分の iPad を渡して録画してもらいます。話す時に壁に背を向けさせると、周囲の人が背景に映り込まないようにすることができ、肖像権侵害を防ぐことができます。Round 3 が終わったら自分のスピーチ映像を観て振り返りを記入します。

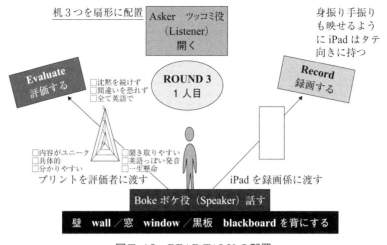

図Ⅲ-12　**BEAR TALK** の配置

図Ⅲ-13　スピーキング評価用レーダーチャート

6)　文章構成を考える

　意見を問うトピックの場合、文章化する前に文章構成表（表Ⅲ-5）に従って、まず文章の流れを考えます。文章の大きな流れは、OREO（Opinion → Reason → Explanation / Example / Evidence / Episode / Experience → Opinion の流れの頭文字を取って「オレオ」と読む）の流れに沿って考えます。多くの生徒たちは理由を具体的に説明するR→Eの流れが苦手ですが、慣れてくると客観的事実と主観的説明を織り交ぜながらいろんなEを盛り込んで、深みのある文章が書けるようになります。

表Ⅲ-5　文章構成表

エッセイの文章構成（OREO）			
序論	興味を引く	❶導入／トピック紹介（例：疑問文で始める）		
	自分と反対の意見を提示した上で独自の視点を述べることで、独自性を際立たせる	★自分の意見を述べるトピック以外は❷は飛ばす		
		❷一般論（他の人の、<u>自分とは違う</u>意見・している・考えていること）		
		❸自分の意見・主張（Ⓞ pinion）		
		❹ There are three reasons［examples］. / I have three reasons. など		
本論	SUCCESS Simple シンプルに Unexpected 驚き・独自性 Concrete 具体的 Credible 筋が通っている Emotional 感情に訴えかける Story 体験談・例え話 ＋ Smile 笑顔で話す	理由Ⓡ eason：短く一言で述べる		
		❺（First,）	❼（Second,）	❾（Third,）
		客観的事実（Ⓔ xplanation　説明（6W1H）／Ⓔ xample　例示／Ⓔ vidence　根拠（データ・実験））		
		❻	❽	❿
		主観的説明（Ⓔ pisode　逸話／Ⓔ xperience　自分や身近な人・有名人の体験・言葉）		
		❻'	❽'	❿'
結論	⓫説明文の場合：They［These］are 〜（これらが〜）／ Like this（このように）など 　意見を述べるエッセイの場合：So, / Therefore, / For all these reasons, / In conclusion など ⓬主張❸を別の言葉で言い換える（Ⓞ pinion）⇒ ⓭最後に主張❸から言えることを述べる⇒			

7)　書く

　話す時と同様に、「3秒ルール」を適用し、3秒くらい考えて英語にならなかったら、日本語混じりでよいので、手の動きを止めずに書くように指示する。日本語混じりでもよいのでスラスラ書けている感じを味わえるようにしてあげます。

　また、書く前に消しゴムを筆箱にしまうよう指示します。「間違えたら、消しゴムで消さず、線を一本引いて消しましょう。消しゴムできれいに消している暇があったら、その分1単語でも多く書いた方が書く力がつきます」と伝えます。

　この2つを指示するだけで、すぐに生徒たちはスラスラと書けるようになります。

8) 記録・振り返り用紙

ライティング終了後、語数を数えて記録します。最後に振り返りを記入します。

3-Round BRACE TALK & Essay Writing Log（記録表）								
日付	Speaking Word Count スピーキング語数				Writing Word Count ライティング語数		Reflection　振り返り （感想・反省・課題・目標など）	
							自分の映像を 見て	その他（語彙、 文法、作文等）
①／	Round 1				ライティング 時間	ライティング 語数		
	Round 2							
	Round 3				（　　）分			

7.「総合的な探究の時間」とスパイダー討論との連携

1.「総合的な探究の時間」と英語教育

　高等学校学習指導要領「総合的な探究の時間編」では、筆者は次の点に注目しています。それは、生徒が「協働的」に取り組むという点です。その「目標」の（3）に示された「互いのよさを生かしながら，新たな価値を創造し，よりよい社会を実現しようとする態度を養う」ことが重要だと考えます。

　英語の授業では、やり取りのあるアウトプット活動が、学習指導要領の重要事項です。やはり、協働的活動を通じて、深く思考できる集団の育成をめざしたいものです。

　筆者はやり取りのあるアウトプット活動を意図し、2019 年 11 月に勤務校の ICT 公開授業でスパイダー討論（SWD：Spider Web Discussion）を実施しました（溝畑、2021）。対象生徒は高校 1 年生です。この TOPIC では、SWD に特化したアプリを利用し、その活動を詳しく振り返ります。また、SWD の歴史、意義、内容、日本の英語教育で SWD を行う際の留意点を紹介します。SWD を通じて英語教育に「総合的な探究の時間」の要素を取り入れることができます。

　また、SWD での中心的な 6 つの要素の Synergetic、Practiced、Independent、Developed、Exploration、Rubric のイニシャルを並べると SPIDER となりますが、SPIDER（ウィギンズ、2018）が「総合的な探究の時間」の活動を支えることになることについても考えてみましょう。

2.「総合的な探究の時間」でのキャリアアップチャレンジ

　筆者の元勤務校の常翔学園高等学校では、課題解決力、コミュニケーション力、プレゼンテーション力を養うため、下記のキャリアアップチャレンジ（https://www.highs.josho.ac.jp/high/careerup/）を実施しています。

企業探求	企業からの課題を受けてチームで解決策をプレゼンする。	1 年全コース
ガリレオプラン	実験や調査に基づいた小論をまとめる。	1 〜 3 年理系コース中心
Osaka City Project	学校のある地域の課題発見と解決方法を動画としてまとめる。	2 年
夢発見ゼミ	大学の授業体験、SDGs の課題解決を通して生き方の見通しを立てる。	2 年

　これらは、グループでの探究活動を中核に進めていくものです。小論をまとめるという個人の成果物がゴールの場合もありますが、その過程では小グループでの話し合いがあります。このような探究を通して、集団の中で生徒たちが主体的に話し合い、深く考える資質・能力を身に付けていきます。この学びが教科・科目等を越えたすべての学習の基盤となり、また、将来、社会の中で生きて働く原動力となります。

3．スパイダー討論（SWD）とは

　スパイダー討論は、ウィギンズ（2018）がハークネス・メソッドに感銘を受けて考案したものです。ハークネス・メソッドとは、北米名門寄宿制中等教育機関で、10 ～ 20 名の生徒（及び先生）が、円形テーブルを囲んで質疑応答するソクラテス・メソッドの授業です。1930 年代に、"Learning should be a democratic affair." という発想のもと開発され、参加者すべてに均等で高いレベルの参加が求められます。恥ずかしがり屋の生徒は発言する、話したがり屋の生徒は他の参加者が話せるようにすることが奨励されます。人の意見を吸収し、自分の見解を構築しながら話し合い、難問をクリアしていきます。

　このハークネス・メソッドに感銘を受けたウィギンズ（2018）は、これを他の学校でも使えるようにと考え、試行錯誤の上、SWD を打ち立てました。生徒たちはサークルをつくり、6 ～ 10 人でテーマについて話し合います。2 ～ 3 名の「エキスパート」がサークルの外から観察し、誰から誰に向かって話されたかを図Ⅲ-14 のように、紙に軌跡を残します。話し手の特徴的な発言には、笑顔、発言を称える表現（wonderful）などもメモします。話し合いが終わ

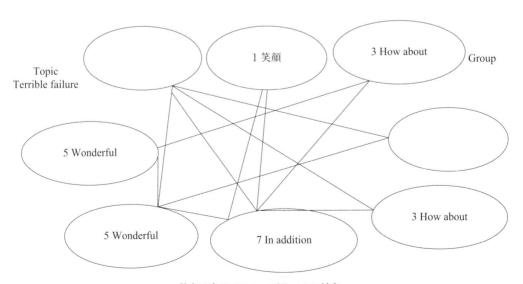

数字は表Ⅲ-7のルーブリックに対応

図Ⅲ-14　発言の記録
（ウィギンズ（2018）をもとに筆者作成）

ると、討論を振り返り、評価します。メモを参考に、次の SWD の改善策を考えます。エキスパートの残した軌跡から発言者の偏りに気づきます。理想的な話し合いでは蜘蛛の巣のようになります。これが「スパイダー討論」の由来です。さらに SPIDER は次の各単語の頭文字をつなげて作られた頭字語（acronym）ともなっています。

S（Synergetic）	チームで行い、シナジー効果がチームの成績となる。
P（Practiced）	継続的に練習し、振り返りをしっかり行う。
I（Independent）	教師の介入は最低限に留める。
D（Developed）	話し合いが深まり、進化してどこかに向かう。
E（Exploration）	話し合いをベースとした探究である。
R（Rubric）	容易に評価できる明快な評価基準法がある。

4.　初めての SWD：母語で行う SWD

（1）　初めての母語での SWD

　初めての SWD はこの活動に慣れ親しむことを目標とし、母語で実施しました。46 名のクラスで、8 名の発言者のまわりを 38 名の観察者が取り囲みました。手順で、テーマを「成長マインドセット」にして日本語で実施しました。

---

① 　ルーブリック（表Ⅲ-6）の説明
② 　かえつ有明中高等学校中学 2 生の SWD を YouTube で視聴　（現在は非公開）
③ 　テーマ「成長マインドセット」を視聴　（現在は非公開）
④ 　8 名の討論者のボランティアを募集
⑤ 　教室中央に机 6 つをくっつけ、まわりに 8 名が着席
⑥ 　その他の生徒は 8 名の外側から観察と発言の記録
⑦ 　10 分間の SWD
　　テーマ：成長マインドセット
　　　自分は成長マインドセット型か　どうすれば成長マインドセットを身に付けられるか
⑧ 　終了後、ルーブリックで振り返り

（2）　母語での SWD 用ルーブリック

　SWD では、ルーブリックが 2 つの役目を果たします。それは目標と評価規準・基準です。まず、討論前には、生徒たちが自らの力で話し合いを進めるための目標となります。そして、討論後には、振り返るための評価規準・基準となります。表Ⅲ-6 は、ウィギンズ（2018）を

表Ⅲ-6　母語で行う **SWD** 用のルーブリック

スパイダー討論はチームで行うので、成績もグループに対してつけられます。以下のリストには、「A」の成績を得るためにしなければならないことが書かれています。		
1 平等	全員が、ほとんど平等に、意味ある形で実質的に参加した。	
2 バランス	全員のバランスと秩序の感覚が大切にされている。一度の話し合いに、一人の話し手と一つのテーマに焦点を絞っている。話し合いは活発に、ほどよいペース（早すぎず、退屈しないスピード）で進む。	
3 関連	話し合いは他の人の意見に関連して積み上げられ、新しいテーマに移る前に疑問や難問を解決する努力が行われる。	
4 アイデア	様々なアイデアや本質をついた発言は、軽くあしらわれたり、無視されたりすることがない。	
5 おとなしい人への配慮	意見が無視されることはなく、声が大きくて無駄に長い発言をする生徒が場を支配することなく、おとなしい生徒が発言するように促される。	
6 敬意をもって聞く	生徒たちは、互いの意見を注意して、敬意をもって聞く。例えば、誰かほかの人が話しているときは、遮って話をしたり、空想したり、紙で音を立てたり、しかめっつらをしたりしない。このようなことをしたら、話し手を軽視したり、全体での話を台無しにしたりすることになる。さらに、誰も皮肉や軽薄な発言をしない。	
7 注意深く聞く	誰もが理解される。よく聞こえなかったり、理解できなかったりする発言は、繰り返し言ってもらう。	
8 チャレンジ	互いにチャレンジし、意味を深め、新しい発見をする。	
9 発言の裏付け	話し合いの間を通じて、自分の発言を裏付けるための事例や引用を使う。プリントにあるメモを使って、自分の発言をしてもよい。	
トピック	「A」全項目において高いレベルである（とても稀で、難しい！） 「B」ほとんどが満たされている（とてもいい話し合い） 「C」半分ぐらいが抑えられている 「D」半分以下 「E」ほとんど満たしていない	

もとに、日本語での SWD 用に筆者が作成したもので、項目が、リーダーシップ、ファシリテーションスキルのように評価の尺度を明確に定義しづらい「ソフト・スキル」であることに注意が必要です。

(3)　母語での SWD の展開

　次に、3クラスの母語での SWD の展開を紹介します。それぞれのクラスの特徴が顕著に出ています。

Class A

　8名のうち2名のボランティアが出た。最初の発言の「自分は硬直マインドセットだ」につられて、次々と「自分は硬直型である」が続き、予定調和的な展開となった。「〜さんはどう？」と気配りが見られ、みんなで平等を意識していたようだ。一回り目の最後の生徒は「自分は成長型」と発言した。その後、その人の話をもとに話が展開した。三回り目の途中で、「硬直型には、自分の悪いところをみることができるというよい点がある」との発言があった。この発言で議論は深まったようである。

Class B

　スター的な生徒 5 名がボランティアとして申し出た。最初の話者が、自分の意見を時間をかけて述べようとしたが、論点が明確でなかった。次の話者も、同じ傾向で、第一話者の論点とは、あまり関係ない意見を述べようとした。これも論点が明確でなく、周辺に伝わらなかった。聴衆は置いてきぼりになり、私語をし、集中のない態度が目立った。ボランティアでなく参加した生徒で発言をしないものもあった。発言をする人としない人の差が激しかった。初めての SWD での典型的な失敗の例であろう。

Class C

　他のメンバー全員にというよりも、近所の話しやすい者どうしが、話をかわす程度のレベルで、全体で意見交換が行われたとは言いがたい展開であった。時々違う所で、同時に話が行われ、8 名で意見を共有するという意識が低かった。内容がよくわからないまま、話が進むので、内容が深まらず、よもやま話のレベルになっていた。周りの聞き手には、どんな話が進んでいるのかはわかりにくかった…。

　Class A のある生徒のルーブリックによる振り返りでは、9 個の項目を○△×で評価し、項目「3 関連」の△を除いて、○の評価をしています。「討論後の感想」で次のように書いています。「一人ひとりがちゃんとできていてすごいと思った。誰かが話してくれるのを待つのじゃなくて自ら発言しようとしていたのを見て、自分もあんなふうになりたいと思った」。

　友達の積極性に感化を受けて頑張ろうという気持ちになっています。これが SWD の持つシナジー効果の例です。

　以上の各クラスでの SWD の進行具合を共有し、改善点を考え、次は、英語での SWD を行うこととしました。

5. 2 回目と 3 回目の SWD：英語での SWD

　2 回目からは、10 〜 12 名の 4 グループで英語での SWD に取り組みました。各グループのうち 2 名はエキスパートとなり、SWD を外から観察し発言の軌跡とメモをとりました。テーマは教科書と関連付け、2 回目は「酷い失敗体験」(my terrible failure)、3 回目は、「オリンピック」としました。2 回目は紙幅の関係上詳細を省き、3 回目の SWD について述べます。

（1）　3 回目の英語での SWD

　教科書の Lesson 8 *The Power of Presentation* Element Communication English I Keirinkan からテーマを取り、「オリンピックの東京招致」としました。読解した英文の内容は、東京オリ

ンピク招致を導いたプレゼンテーションの立役者の佐藤氏、滝川氏、田中氏のスピーチのアドバイザーの功績についてのものでした。活動の目的として、本質的なオリンピックの理解と批判的な態度の育成を設定しました。次の BIG QUESTIONS を予め示し、各グループで自由に取り上げて自分たちで SWD を進めるようにしました。

BIG QUESTIONS

1 Do you think the Tokyo Olympics will make Japanese people happy?
　オリンピックの利点

2 Should we use tax money only for the Paralympics?
　オリンピック予算

3 Do you think all Japanese people have "omotenashi" spirit?
　「おもてなし」ステレオタイプ　印象操作

4 Would it have been possible for Tokyo to be selected without the word "omotenashi"?
　スローガンの効果

（2）　英語での SWD 用ルーブリックの工夫

　英語版 SWD のルーブリック（表Ⅲ-7）を作成しました。ソフト・スキルに加え、言語とコミュニケーション・スキルを合わせた 10 項目を簡便な記述文で載せました。さらに、各規準でのコミュニケーションを促進する英語表現、例えば Let me try first. などを付加しました。

　英語版 SWD を楽しく進めるため、笑顔で雰囲気をつくることを最初に位置づけました。平等、配慮、確認で「小さな声を大事にする」という民主主義の根幹を扱い、アイデア、ペース、関連、裏付けで議論を深め、英語、論理で筋道立てた発信を目標としました。

　言語面では、「主語→動詞」を揃えた文で英語を話すことを重視しました。また、論旨展開で、「主張（Point）、理由（Reason）、例（Example）、再度主張（Point）：PREP」を考え、整理して話すことをルーブリックに盛り込みました。語彙不足がコミュニケーションの中断とならないように「チョイニーズ（チョイット＋ジャパニーズ）」を推奨しました。これは、単語が出てこない際に、日本語の使用を単語レベルで認めるというルールです。

（3）　SWD に特化したアプリ equity maps

　オリンピックをテーマにした SWD では、iPad で使用できる SWD に特化したアプリ equity maps（図Ⅲ-15）を使用しました。このアプリは、参加者のやり取りを記録し、分析してくれるすぐれたアプリです。教師は、参加者の名前を登録し、生徒のアイコンを作成します。アイ

表Ⅲ-7　英語で行う **SWD** 用ルーブリック

スパイダー討論で、自信をもって自分の意見を言い、楽しく意見を交換しよう。終了後のリフレクションで、改善策を考えましょう。

1 雰囲気	笑顔をたやさず、楽しくできる雰囲気をつくる。	◠◠ ◡ ❂	○△×
2 平等	全員が、ほとんど平等に、実質的に参加する。	Let me try first (next).	○△×
3 配慮	おとなしい生徒が発言するようにうながされる。	How about you?	○△×
4 確認	聞こえない、理解できないと、繰り返してもらう。	What did you say?	○△×
5 アイデア	発言は、軽くあしらわれない、無視されない。	Wow! Wonderful!	○△×
6 ペース	早すぎず、退屈しないスピードで進む。	It's my turn.	○△×
7 関連	発言を大切にし、その意見についてやり取りする。	Are you saying …?	○△×
8 裏付け	教科書の内容やメモを引用して発言を裏付ける。	The textbook said ….	○△×
9 英語	主語 → 動詞の語順で、部分的に「チョイニーズ」。	It's our "gimu" to do this.	○△×

10 論理	主張 Point 理由 Reason 例　Example	日本語でも訓練として PREP で考え話す習慣を！	I think …. That's because …. For example, ….	○△×

トピック		○の数	グループの成績 10：A□　9〜6：B□　5：C□ 4〜3：D□　2以下：E□

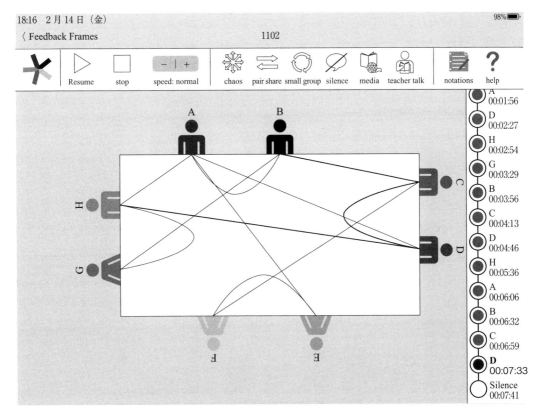

図Ⅲ-15　equity maps：Feedback Frames
(筆者により生徒名をアルファベットに置き換える等一部変更して作成)

コンをドラッグして座席に配置します。iPadをテーブルの中央に置き、「録音」をタップしてセッションを開始します。生徒は発言の前に自分のアイコンをタップしていきます。次の発言者がタップするたびに線や曲線が描かれ、話し合いの流れを確認することができます。すべての発言は録音されます。ディスカッションが終了すると、Feedback Frames（図Ⅲ-15）で発言を再生できます。再生しながら発言の軌跡が表示されます。その際、発言者のアイコンが点滅し、誰が話しているのかがわかります。このグループは、8名の発言者とSWDを観察する2名のエキスパートから構成されていました。

　Group Analytics（図Ⅲ-16）では、参加者の発言回数と時間が円グラフ、棒グラフで提示されます。沈黙の時間も表示されます。このSWDでは沈黙は15秒でした。継続使用して、データを蓄積し、観点別評価の基礎データとすることを今後検討したいものです。

（4）　実際のやり取り（英語はそのまま）

　ここでは、やり取りを再現するため、equity mapsの録音を文字起しをし、教員の視点からアドバイスを考えてまとめてみました。

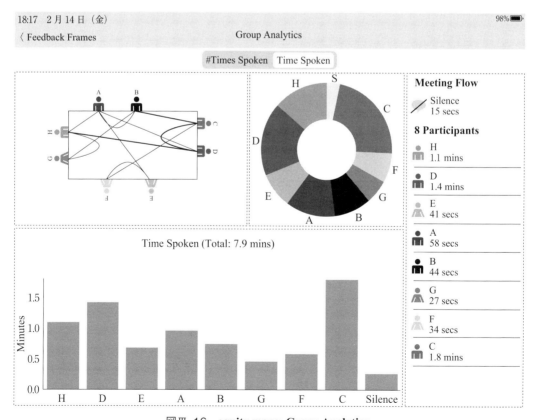

図Ⅲ-16　**equity maps: Group Analytics**
（筆者により生徒名をアルファベットに置き換える等一部変更して作成）

equity maps 録音文字起し	教員の視点からのアドバイス
【オリンピックの利点】 C: I think the Tokyo Olympics will not make Japanese people happy. That's because　迷惑　to many people and　治安　bad. For example, 外国人 people, ... 終わりです。	・口火を切った。チョイニーズの利用。「終わりです」は英語でできたはず。
F: Let me try next. I think Olympic will make Japanese people because … for example, Osaka and Tokyo attract　観光客.（crowded）誰かやってや、次！	・ポイントをきちんと述べず。その後も不十分。最後まで英語で。
E: I don't agree with her. I think the Tokyo Olympics will make Japanese people happy because we can watch many games. For example, swimming. 終わり。	
A: Yes. I agree this idea because Japanese have more chances to contact with foreigners, for example, a lot of foreigners will come and see the Olympics and Paralympics, so I think Tokyo Olympics will make Japanese people happy.	・例をさらに出せたはず。 ・「外国人との交流 → 幸せ」説明不足。具体例を述べることができるはず。
D: I think the Olympics will make Japanese people happy. That's because everyone likes sports. For example. rugby world cup, soccer world cup. Japanese people　大盛り上がり. Therefore, Tokyo Olympics　盛大にやるべき. How about you?	・チョイニーズを入れて、PREP を揃えた。
H: I think the Tokyo Olympics will make Japanese people happy because … because Olympics is fun.	
G: I think the Olympics will make us people happy because Tokyo　なんちゃらなんちゃら　now, for example, Tokyo Dome, traffic …. Tokyo Olympics is a good event.	・具体例がない。 ・交通網と施設の利点を述べようとした。単語力と文構成力不足。
B: I don't think Olympics will make Japanese people happy because as soon as the Tokyo Olympics is over, there will be a recession. How about you?	・経済の観点にチャレンジ。より丁寧な説明や具体例がほしい。
A: Next question.	・次の話題を導入。
【予算】 C: I　何も言えない　Should we use tax money only for the Paralympics? That's because I don't know about Olympics and Paralympics.	・日本の高校生にありがちな「無関心」「知識不足」を普段よりなくす努力を。
D: I agree with this idea. That's because Paralympics　何　many many big. big　何　大会 For example, Paralympics　盛大にやるべき　How about you?	・大会の大きさは述べたが、税金投入との関連が不明。
H: I agree with this idea because Olympic player is rich.	・選手と金の関係を説明しなくては。
A: I don't agree with this idea because Japan have so a lot of plus tax, not only for Paralympic. It's not good.	・金とパラリンピック説明不足
【おもてなし・ステレオタイプ】 C: I think　一部の　people have "omotenashi" spirit. That's because　一部の　people　譲る席　in train. And we use　敬語　and　お客さんお茶.	・次の話題に突入。おもてなしは一部の日本人だけ　電車の席　商売の例

（5）　やり取りのまとめ

　　各生徒の equity maps のデータから発言回数、時間を記載し、特徴を分析しました。

生徒	回数	時間	特徴
C	3	108 秒	物おじせずに口火を切った。PREP を揃えようとしていた。チョイニーズで語彙不足を乗り越えていく点は、他の参加者に勇気を与えた。
F	1	34 秒	セットフレーズで話すが、全文では話せない。
E	1	41 秒	PREP で進めた。例を多くすることと発言回数を増やすことができるはず。
A	3	58 秒	For example、so などを効果的に用い PREP で話した。語彙力不足で説明不足が残念。Next Question で話題への移動ができた。
D	2	84 秒	チョイニーズ「大盛り上がり」「盛大にやるべき」を簡単な英語を駆使し、ピンポイントの日本語に抑える。
H	2	66 秒	S＋V because S＋V. は使える。より詳しい理由説明と具体的な例を述べられるようにすべき。
G	1	27 秒	準備段階で単語を調べたがその発音ができず、「なんちゃら」になった。チョイニーズを用いるべきである。
B	1	44 秒	経済の観点を持ち込み、ディスカッションのレベルを上げた。さらに、なぜリセッションとなるかの説明と具体例を述べるべき。すぐに自分から How about you? と発言を譲り、深まらなかった。

（6）　生徒による振り返りと改善策

　　「高等学校学習指導要領（平成 30 年告示）解説　外国語編　英語編　第 1 章　第 3 節　外国語科」の目標では、外国語教育における学習過程を「目的や場面，状況などの理解」「コミュニケーションの見通し」「コミュニケーション活動」「言語面・内容面で自ら学習のまとめと振り返り」として整理しています。言語活動で活用した後の最後の振り返りで、学んだことの意味付けを通じて「思考力，判断力，表現力等」を高めていくことの重要性に触れています。次に、自由記述による参加生徒の感想を紹介します。振り返りと改善策に大きく分け、さらに、小見出しをつけて整理しました。

　①　振り返り

【楽しく】

・楽しくやれれば多少英語が違ってもいいと思った。

・みんな楽しくやれたので、よかったと思う。

・楽しくでき、笑い声が絶えなかったです。

【英語使用と理解】

・雰囲気で言っていることはわかる。

・わからなくても、ニュアンスで伝わる。

【発言数・発言者】

・あまり意見が出なかったけど全員が話せた。

・一人一回は必ず喋ったが、均等でなかった。

②　改善策

【内容】

・文章で深い話をできるようにしたい。

・発言するときテンパって言えなかったので、次はまとめてから発言する。

・お題について話せるよう、次は改善できたらいいなと思います。

・もう少し文章の構成をしっかりしたい。

【やり取り】

・全員話して、英語ベースにする。

・あまり話せなかったから、積極的に話すようにする。

・喋っていたのはいたけど、長い沈黙があったりした。だから英語でみんなにどう思うと
　聞けばいいと思った。

【言語】

・簡単な英語を使って日本語を減らせれば良くなると思いました。

・もっと簡単な英語で伝わる感じで、もっと発言しないといけない。

・日本語をできるだけ減らせるように、文法よりもまず単語力を上げる。

・できるだけチョイニーズでがんばりました。単語頑張って覚えます！

・英語で発言しない人が無駄な話をしなかったら、「英語だけ」なので、次はする。

　「雰囲気」はとてもよく、ソフト・スキルの評価は高く、概ね楽しく SWD が行われました。
問題点は、英語の使用度が低いグループがあったことと、内容の深さの課題が生徒から挙がっ
ていたことです。本来なら、分析のために行った文字起こしに基づくフィードバックができ
ればよいと思いますが、実際にはできていません。アメリカでは、過去には、話し合いとい
うと、ディベートが好まれ、子どもはとにかく発言することを求められてきました。しかし、
SWD では、そういった発言が meaningful（話し合いに寄与する）とは限らないとされていま
す。良い話し合いには、specific（明確であり）、helpful（助けになるもので）、kind（優しい）
フィードバックが大事だと考えています。

　ウィギンズ（2018）は、SWD の成果は半年以上かかると述べています。本実践では、SWD
をわずか3回しかできなかったことから、一番大事な practiced（継続的に練習する）の点に
おいて不十分でした。大規模クラスサイズと入試対策のため、進度を急ぐ他の教員との同僚性
の問題がその原因でした。語学に適切なクラスサイズの20人程度であれば、6名の発言者と

1名のエキスパートを基本に3グループで活動をします。教員からの equity maps でのフィードバックの回数を増やし、徐々に生徒だけでのフィードバックに移行できます。入試は改善の方向に向かってはいますが、まだまだ、従来型の知識量を問うものが多く、保守的な考えの教員、特に他教科の教員や管理職の意識変革に繋がりにくいのも現実です。

6. 「総合的な探究の時間」と SWD のシナジー効果

　高等学校学習指導要領「総合的な探究の時間編」で、「総合的な探究の時間」の「目標の趣旨」の「(1) 総合的な探究の時間の特質に応じた学習の在り方」として、「(1) 探究の見方・考え方を働かせる」ことを明記しています。具体的には、探究における学習の姿として、「課題設定 → 情報の収集 → 整理・分析 → まとめ・表現」の4つを発展的に繰り返していくことを重視しています。このプロセスをらせん状に展開していき、考えを出し合い問題の解決に取り組みたいものです。すでに日本の高校で探究を行ってきている事例があります。スーパーサイエンスハイスクール（SSH）とスーパーグローバルハイスクール（SGH）です。SSH は先進的な理数系教育を通して課題研究の推進、観察・実験等を通じた体験的・問題解決的な学習等を行います。SGH は異文化理解力やコミュニケーション能力、国際的素養を身に付け、英語等によるグループワーク、ディスカッション、論文作成等を行いました。このように大きな質的な転換がすべての教育に求められています。さらに入試も徐々に変化しています。例えば、京都大学特色入試、お茶の水女子大学新フンボルト入試、奈良女子大学探究力入試「Q」、島根大学「へるん入試」、桜美林大学探究入試 Spiral、関西学院大学探究評価型入学試験など、この探究のプロセスに則した総合選抜型入試も増加しています。

　「総合的な探究の時間」の求めるものを大いに支援してくれるものは、SPIDER の頭文字が代表する6つの要素と「表Ⅲ-6 母語で行う SWD 用のルーブリック」の項目、「1 平等」～「9 発言の裏付け」です。SWD は、「総合的な探究の時間」のみならず、HR 活動、プロジェクト型活動（PBL）を下支えします。長期に渡り、教科を超えて、言語に限らず広く他教科でも行われることが望まれます。

　英語の授業では、ソフト・スキル優先で SWD を進めることで、「総合的な探究の時間」の中心要素を英語学習に取り込むことができます。徐々に言語スキルの伸長を図るとよいでしょう。その際、エドモンドソン（2021）の「心理的安全性（Psychological Safety）」を重視します。チームのパフォーマンスを最大限にするにはどうすべきかを調べた Google のリサーチ "Project Aristotle"（Duhigg、2016）でも、強いリーダーシップや規範を遵守するチームではなく、「安全な環境で発言の平等性が確保されたチームが一番パフォーマンスが良い」という結論でした。ルーブリックで心理的安全性を担保し、徐々に言語面を取り扱うようにします。主張、理由、例、再度主張（PREP）で意見表明できるようになると上出来です。

　大規模クラス、旧来型で学習指導要領に則さない入試への対策、同僚性などの課題が SWD の妨げとなります。しかし、それを口実にしてはなりません。課題解決のために声を上げながらも、「総合的な探究の時間」と SWD のシナジー効果を上げていくことが期待されます。次世代を担う日本の若者のことを考えると、彼らが社会や世界と協働的な関係を築き、ボーダレスな課題解決にも貢献できるよう、SWD が広まることを願いたいものです。

---

8. 「総合的な学習の時間」から PBL としての「総合的な探究の時間」へ

---

1. 学びを深める PBL とは

(1) PBL の定義と役割

Project Based Learning（以下、PBL）による学びは、学習指導要領に「知識及び技能」の習得、「思考力，判断力，表現力等」の育成、「学びに向かう力，人間性等」の涵養として再整理された三つの柱に基づくと考えています。

溝上・成田（2016）によれば、PBL を「実世界に関する解決すべき複雑な問題や問い、仮説を、プロジェクトとして解決・検証していく学習のことである。学生の自己主導型の学習デザイン、教師のファシリテーションのもと、問題や問い、仮説などの立て方、問題解決に関する思考力や協働学習等の能力や態度を身につける」（p.21）と定義して、説明しています。

学習や学校行事、部活動等、平素の生活の中で課題が生じたとき、課題を整理した上で、それに関連する情報を収集し、分析できれば、よりよい方向へ進むことができる可能性が高まります。これまで学習した知識や教科・科目を超え、既習内容を関連付けることで、生徒の生きる力を育むことができると思います。

(2) 日常の困っていることから学びを深める授業設計

PBL を取り入れた授業において、生徒はその課題に関わる当事者としての役割が設定され、課題を「自分事」として捉え、課題の整理、情報収集、分析に取り組みます。個人で打開策を考えながらも、時に級友と協力し、学ぶべき知識や技能を習得します。教員はファシリテーターとなり、真正性のある課題を生徒へ投げかけ、生徒の思考が活性化するように適切に問いかけながら、生徒を支援します。

(3) PBL と「総合的な探究の時間」との親和性

課題の設定、情報の収集、整理・分析、まとめ・表現という学習の流れは、令和4年度から高等学校で実施している「総合的な探究の時間」とも親和性があります。高等学校の「総合的な探究の時間」は、小学校及び中学校での「総合的な学習の時間」の延長線上にあります。中学校学習指導要領にある「総合的な学習の時間」の目標は、「探究的な見方・考え方を働かせ，横断的・総合的な学習を行うことを通して，よりよく課題を解決し，自己の生き方を考えていくための資質・能力を次の通り育成することを目指す」です。すなわち、「総合的な学習の時間」を通して、課題解決能力や主体的な学びを育み、自己の生き方を考える学びです。

　これを踏まえた高等学校の「総合的な探究の時間」の目標は、「探究の見方・考え方を働かせ，横断的・総合的な学習を行うことを通して，自己の在り方生き方を考えながら，よりよく課題を発見し解決していくための資質・能力を次の通り育成することを目指す。1. 探究の過程において，課題の発見と解決に必要な知識及び技能を身に付け，課題に関わる概念を形成し，探究の意義や価値を理解するようにする。2. 実社会や実生活と自己との関わりから問いを見いだし，自分で課題を立て，情報を集め，整理・分析して，まとめ・表現することができるようにする。3. 探究に主体的・協働的に取り組むとともに，互いのよさを生かしながら，新たな価値を創造し，よりよい社会を実現しようとする態度を養う」となっています。つまり、「総合的な探究の時間」では、自己や自身の生き方を考えながら、課題を発見し、解決していく学習をすると言えます。

　「総合的な学習の時間」にある課題発見から解決までの能力や主体的な学びを育むことを継続しながら、自己理解や新たな価値の創造、自身の将来設計など、「総合的な探究の時間」で身に付けた力を教科教育へ繋げることが重要です。高等学校の「総合的な探究の時間」は、小学校及び中学校での成果を踏まえつつ、自己のキャリア形成の方向性と関連付けながら、生涯にわたって探究する力を育む総仕上げの段階にあると考えられます。

2. PBL の授業設計の実践

　小中高のつながりを大切にして、学習に対する生徒の興味・関心を高め、課題を生徒とともに解決する仲間としての教員が、どのように授業設計をすればよいかについての TIP と実践例を紹介します。

(1) バックワードデザインによる授業設計

　ゴールを考え、ゴールから逆算し、授業を組み立てることをバックワードデザインによる授業設計といいます。例えば、この TOPIC で紹介している単元のゴールとして、2022 年 9 月 3 日（土）に筆者の前任校で開催された文化祭において、ジャーナリストとしてポスター発表をするという場面を設定し、順次遡り計画しました。

【ゴール】　ジャーナリストとしてポスター発表をすることをゴールとし、その発表形式は、4 人 1 グループです。各グループに、ホワイトボード 1 枚とボードマーカー 4 本を渡します。4 人全員が発表に関わることを条件とし、4 人での協議時間 10 分と、役割分担発表準備時間 5 分の計 15 分の準備時間で実施します。ジャーナリストとしてウクライナとロシアを訪問取材した設定となっており、生徒は、「ウクライナとロシアの争いを止める手立てや平和について共に考える」というメッセージを、在校生や文化祭に来校した中学生や保護者へ英語で伝えることを目的としました。

【直前】　ポスター発表当日は、背景幕やカメラを用意し、発表以外の学級生徒が聴衆役となり、ポスター発表に相応しい状況を設定することを伝えました。このように目的や場面、状況を設定し、実世界と類似した真正性のある課題に取り組みます。直前の学習活動がゴールへつながっていることが明確になり、生徒は自分の考えや思いを整理しながら、リハーサルすることができます。

> TIP：実世界にある複雑な問題をゴールにし、プロジェクトとして検証していきましょう。

【中間】　次のようなポスター発表のポイントを UDL の観点を含めて提示することで、発表内容をさらに充実させることができました。

① 　「概要」「検証結果」「まとめ」などの見出しは、わかりやすく見出し番号をつける。
② 　UD デジタル教科書体 NK-R など視認性と可読性が高いフォントを選ぶ。
③ 　シンプルなレイアウトにし、ストーリーが伝わるように書く。

> TIP：誰にでもわかりやすい発表になるよう工夫しましょう。

【スタート】　英語の教科書に掲載されている題材は、文系、理系にかかわらず、まさにリベラルアーツの視点で教養を高めることができる豊富な単元構成になっており、平和教育に関する単元もあります。しかしながら、授業の冒頭で「58 ページを開いてください。今日の単元は平和教育についてです。英文を読んでください」と生徒へ伝えて授業を始めてしまうと、生徒と単元の関連性が弱く、学習への動機づけに課題があります。一般的に、日本で平和に暮らしている生徒にとって平和は、遠い異国の問題のように感じてしまうかもしれません。

　2022 年 5 月、平和教育に関する単元の導入において、筆者は 1 枚の写真を生徒へ提示しました。その写真は、5 年前にニューヨークを訪問した当時の筆者の勤務校の生徒とロシア人高校生との笑顔の集合写真です。自分が在籍している学校の先輩が、ロシア人高校生と交流をしていた事実を知ったある 2 年生は、その写真に釘付けになり、ロシア、ウクライナ、平和、争いというキーワードが一気に「自分事」になっていました。このようにほんの少しの工夫で、生徒と単元の関連性を高め、生徒の主体性を後押しすることができるのではないでしょうか。

> TIP：生徒と教材の関連性を高めましょう。

(2)　学びの広がりと深まり

　生徒と単元の関連性が高まり、単元の最終活動を定めた単元指導計画が作成できれば、次は生徒の思考を活性化し、その学びがより深まるよう、教員は生徒の知的好奇心をくすぐる質問やヒントを与えるなど、適切に生徒を支援します。平和教育に関する英文を読んだ後、すぐに読解問題を解くのではなく、PBL では以下のような問いを生徒へ投げかけることで、さらに学びが広がり、深めることができました。

①　9月に行う文化祭で、あなたのクラスは何を企画するかについて HR の時間に文化祭討議をしています。学級委員が司会進行をしてくれていますが、模擬店をしたい生徒、劇をしたい生徒などに分かれ、ケンカになりそうです。あなたは自分のクラスの級友どうしがケンカになるのをどのように止めますか。

②　ケンカと戦争の違いは、何だと思いますか。

　上記の問いを始まりとして生徒は、なぜ戦争を止めることは難しいのか、歴史の中で戦争になりそうで戦争に至らなかった出来事はあるのか、あるならばそれはなぜ止めることができたのかなど、英語や日本史、世界史などの教科・科目を超え、生徒は自ら探究していきます。

> TIP：深い思考に導く発問を工夫しましょう。

　このとき英語科の教員は、地歴・公民科の教員へ可能であれば上記について、授業の中で少しふれていただくようにお願いしました。授業進度の兼ね合いはあるでしょうが、地歴・公民科の教員が「英語の授業で〜を勉強しているようですね」と授業で一言言ってくださるだけでも、生徒は教科間のつながりを、また、教科等横断的な視点を感じることができました。

> TIP：深い学びのために、教科・科目で連携しましょう。

(3)　創造的・複眼的思考

　生徒の習熟度にかかわらず、生徒の知的好奇心が高まり、教科・科目の連携も徐々に進み、教科・科目を超えての学びが繋り始めれば、教員は生徒へフィードバックを行い、見守ります。ゴールの発表は、わずかな時間でしたが、協議は非常に白熱し、すべての生徒が主体的に取り組む様子を観察することができました。今回設定したプロジェクトに対する答えは、教科書にありません。「国の位置や国の関係性を学ぶ地政学という学問分野があるようですよ」と生徒に伝えると、ある生徒は、この学びをきっかけに地政学に興味を持ち、地政学を学ぶことができる大学を調べ始めます。高校生が社会に対してできることは何かを生徒に投げかけると、ある生徒は社会貢献に興味を持ち、クラウドファンディングを始めました。生徒は生徒な

りに悩み、考え続けています。言い換えると、生徒は創造的・複眼的思考を高めようとしているのです。これが PBL の魅力であり、深さです。

> TIP：生徒の創造的・複眼的思考をコーチしましょう。

すぐれた授業を実現するための授業実践のツボ

---

1. 高橋昌由の授業：基礎・基本から CLIL & TBLT の深い学び

---

1. 基礎・基本から **CLIL & TBLT** を使った深い学びへ

　この TOPIC では学習指導要領がめざす「主体的・対話的で深い学び」に対応できる英語授業実践をサポートするツボを、CLIL と TBLT のいくつかの視点から、授業実践例で提示したいと思います。

　拙著『英語×「主体的・対話的で深い学び」』では英語授業実践の基礎・基本のあり方を提示しました。その際、「『主体的・対話的で深い学び』の下支え」として、「授業進行の基礎・基本」「CLIL の考え方」「齋藤榮二先生の『授業の 10 の原則』」（齋藤榮二、1996）（以下、10 の原則）の 3 つを提示しました。

　授業実践の基礎・基本を端的に示してくれているこの 10 の原則を活用することで、基礎・基本を担保したコミュニケーション能力を育成する授業実践は間違いなく可能であると思います。

① やさしいものをむずかしく教えるな　　⑥ 教師がやってみせよ

② 学んだものを使わせよ　　　　　　　　⑦ 絵を使え

③ 英語についての説明はできるだけ避けよ　⑧ 和訳をできるだけ避けよ

④ 生徒を動かせ　　　　　　　　　　　　⑨ 生徒の相互活動を考えよ

⑤ ゲーム化を考えよ　　　　　　　　　　⑩ 教師はできるだけ英語を使え

　さて、教育で重視されるべき概念として、不易流行があります。10 の原則は不易にあたるでしょう。また、流行にあたる一つは、学習指導要領で大きく取り上げられている「主体的・対話的で深い学び」でしょう。しかし、この「主体的・対話的で深い学び」の意図するところは、決して流行にあたる新しいものでもないと思います。というのは、生徒が自ら学ばないということを是とすることがありますか（主体的な学び）。コミュニケーションをしないような言葉の使用がありますか。また、アンネの日記は世界の多くの方々に読まれて、彼女の思いが読者に伝わることで、アンネと読者の間ですぐれたコミュニケーションになっているではありませんか（対話的な学び）。深く学ぶことを拒むような教育を我々はしてきましたか（深い学び）。

　「主体的・対話的で深い学び」を、闇雲に批判的や後ろ向きに捉えるのではなく、良いきっかけとして、さらにすぐれた学び、つまり、より主体的で、より対話的で、より深い学びを生

徒が追求すること、またその学習環境を整えることが、学びを保障する私たちの仕事であり、矜持だと思います。

　では、不易と流行を強靭に保障する授業実践とはどのような授業実践でしょうか。その答えを CLIL と TBLT が示してくれると考えています。以下では、CLIL と TBLT を概説して、これらに基づく「主体的・対話的で深い学び」の具体的な授業のあり方を提案します。

2. **CLIL と TBLT の授業のあり方**

（1）　CLIL

　CLIL（I の部分を強く発音します）は、Content and Language Integrated Learning（内容言語統合型学習）の略語で、その主な特徴は「学習内容（content）の理解に重きを置き、学習者の思考や学習スキル（cognition）に焦点を当て、学習者のコミュニケーション能力（communication）の育成や、学習者の文化（culture）あるいは相互文化（Interculture）の意識を高める点にあると言えるでしょう」（https://www.j-clil.com/clil）と説明されています。

　「CLIL はよくわからない」「CLIL は難しい」という声を聞くことがあります。実際はそうではないと思います。CLIL は便利な看板で、実際は私たちの近くにあると思います。

　例えば、筆者が高校教師になったころは、教科書には物語や詩が所載されていました。そして、筆者は授業で、エリック・シーガルの *Love Story* に取り組みました。その一環として、モニターテレビを教室に運び込むか、生徒を暗い視聴覚教室に移動させるかして、今では姿を消した VHS 版でその映画を見せました。昭和の話です。

　またペーパーバックからの切り抜きを配付して、筆者の学生時代のアメリカ旅行での面白い（と独断と偏見に満ちた判断を筆者がしました）体験や危険な経験などを、写真投影機（今は見かけなくなりました）で生徒に見せては、青春や愛を筆者が語り、生徒には思いを述べてもらいました。要はこれが「CLIL のようなもの」で、quasi-CLIL と筆者は命名して（実際は、こっそり「なんちゃって CLIL」と呼んでいます…）学会の論考（Takahashi、2021）まで書きました。このように、知らず知らずに CLIL のような授業をやっている場合も多く、その中には、あと少しで立派な CLIL の授業と呼べる授業も結構あります。よって、CLIL はよくわからないものでも、難しいものでもないと思います（「CLIL のようなもの」と書いたことについては、後述します）。

　様々な立場で多くの方々が CLIL に取り組んでおられますが、共通するのはいわゆる 4 つの C（4Cs）を満たすということで、4 つの C を満たしていたら CLIL と考えたらよいのではないかと筆者は鷹揚に捉えています（YouTube には、CLIL と言いながら、4 つの C を満たしておらず、ただ英語で授業をやっているだけという EMI（English as a Medium of Instruction/English-Medium Instruction）と呼ぶべきだと筆者が考えるようなものさえも見られます）。4

つの C を、笹島（2020、p.23）は、

　・Content（科目内容やテーマを学ぶ）

　・Cognition（思考と学習の工夫）

　・Communication（目標言語でのコミュニケーション能力）

　・Culture（文化の多様性の理解と対応能力）

と提示しています。

　これらの4つの C を満たしていたら CLIL であると筆者は捉えているのですが、先ほど筆者が教師になったころの授業を「CLIL のようなもの」とお伝えしたのは、あの授業には cognition（思考）が足らないと考えるからです。つまり、深い学びにまでは至っていないと考えるからです。もちろん生徒たちは、筆者の問いかけに対して、様々な考えや思いを巡らせて述べてくれたことでしょうが、授業者として自戒を込めて言えば cognition（思考）が足りませんでした。

　CLIL の4つの C のうち、content、communication、culture は少しの仕掛けで満たすことは可能であると思いますが、cognition はかなりの仕掛けがなければ CLIL と呼べるには至らないと思います。結局は CLIL の授業は、先述の10の原則さえ踏まえておれば、cognition が勝負だと筆者は考えています。ここで筆者が読者の皆さんにお伝えしたいのは、何が何でも CLIL の授業をしましょうというのではなく、CLIL の考え方をうまく使って授業を組み立てることで、「主体的・対話的で深い学び」を生徒ができるので、CLIL の授業をちょっとめざしてみませんかということです。

　ではどのようにすると cognition（思考）を高めることができるのでしょうか。まず、そもそも思考とは何でしょうか。「よく考えなさい！」や「考えていますか？」という先生の声を授業で聞きますが…。以下では、思考とは何であるかを整理して、思考が豊かな授業の作り方をお伝えします。

　CLIL では、ブルームの教育目標の分類（Bloom's Taxonomy）をよく使います。Bloom's Taxonomy では6つの思考を高次の思考技能（higher order thinking skills：HOTS）と低次の思考技能（lower order thinking skills：LOTS）に分けて考えています。笹島（2020、pp.24-26）は、次のように、HOTS と LOTS、及びその具体的な活動を説明しています。

　・HOTS：　　　　creating（創造する）、evaluating（評価する）、analyzing（分析する）

　・HOTS／LOTS：applying（応用する）

　・LOTS：　　　　understanding（理解する）、remembering（記憶する）

　従来の日本での英語の授業では LOTS（understanding、remembering）が偏重され、HOTS／LOTS（applying）はどうにか扱われているのでしょうが、HOTS はなかなか扱われていないのではないでしょうか。

　HOTS も LOTS も「重要性は同じ」で、「どちらも重要な思考力です」（笹島、2018、p.6）。LOTS の活動は授業でよく実施されていると思います。逆に日々の授業であまり実施されていないと思えるのは HOTS の creating で、これは創作物に至る活動ですから大仕掛けになるでしょう。日々の授業で是非やっていただきたい HOTS の活動は、evaluating と analyzing です。笹島（2020、p.25）は、evaluating を「英語で学ぶ内容について全般的に批判的にふりかえり、効果性、価値観、成果など全体を比較しながら、評価し判断する」として、その例を「学んだ内容を確認する、査定する、事例を見つける、報告する、調査する、指示する、話し合う、管理する」としています。また、analyzing を「英語で学ぶ際に、授業活動のなかのそれぞれの学習ポイントの要素、原理、構成、関係、質、信頼性などを解釈する」として、その例を「分析する、仕分けする、比べる、測る、実験する、グラフ化する、筋立てする、推測する」としています。これらの取り組みをすることで思考することとなり、深い学びとなると思います。

　さらに、思考について、例えば授業では、教師は、「〜をどう思いますか」「ペアで〜について考えなさい」とは指示しますが、そもそもどうすることが思考するということであるのかを、自戒も込めて申せば、あまり示していないのではないでしょうか。そのような場合には、生徒たちは深い学びになっていないことが残念ながら想像できます。よって深い学びを実現するために evaluating と analyzing の機会を設定して、その方法を示して、活動させることが必要であると考えます。この evaluating と analyzing の筆者のお勧めの方法は、visual organizer（または graphic organizer）を活用して図示などをすることです。この具体例は mind map、T-chart、tree diagram、table など様々で、例えば Microsoft Word には SmartArt グラフィックという機能があり、これを使うと簡単に図示することができます。

　実際の evaluating と analyzing の機会を設定した授業では、聞いたり読んだりしたことをもとに、visual organizer で図示したり表にまとめ、それをメモ代わりにして、やり取りや発表をします。そして、それをもとに書いてまとめるという流れになります。これで４技能・五領域の統合の完成です。重要な点は、これを可能にするためには、図示したり表にまとめたりするための練習をする機会を授業で設定して、それができるようになるまで、教育愛に満ちた厳しく迫る指導の「教育的腕力」（齋藤、2003、p.104）をもって、徹底してその練習をさせることが必要だと思います。

(2)　TBLT

　TBLT とは Task-Based Language Teaching の略称で、focus on form（F on F）を組み込んだ教授法とされています。F on F では、意味のある活動を行うことを前提とし、必要に応じて教師が言語形式に焦点を当てることで正確さと流暢さを向上させると捉えられています。また、

CLT（Communicative Language Teaching）の理念に基づいた教授法の一つとも考えられていて、生徒に task（課題）を与え、その課題達成のための道具として英語を使わせることになります。

　TBLT といえば、わが国ではロッド・エリス先生の文法タスクが有名のように思いますが、ここでは日本の英語授業へのヒント満載の Willis（1996）を取り上げます（Willis は task-based learning（TBL）と称しています）。これは、発刊されてずいぶん時間が経ち、入手しにくくなっていますし、授業でテープに録音するという今ではほとんど聞かなくなった手法も取り上げられてはいますが、単に task の入門書ということではなく、言語教育に関して多くの深い示唆に富んでいますので是非、利活用されてはいかがでしょうか。その冒頭の言語学習観の記述には、例えば、外国語で満足したコミュニケーションができないまま卒業していくなどの第 2 言語学習に関わることがらの妥当性を検討しています。

　Willis（1996）に示された、基礎的で、特に本章と関係ある「Components of the TBL framework」（p.38）と「Overview of the TBL framework」（p.155）の記述を中心に TBLT を以下に紹介します。高等学校学習指導要領に pre、while、post の授業展開の大枠が示されていますが（例えばその 43 ページに「聞く前，聞いている間，聞いた後」があります）、Willis もこの大枠を使っています（この大枠を中学校の授業で取り上げてもまったく問題なく、逆にメリハリの利いた明快な授業となります）。Willis は、pre、while、post を Pre-task、Task cycle、Language focus として進めて、右図のように提示しています。

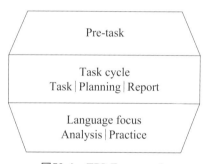

図Ⅳ-1　**TBL Framework**
（Willis（1996、p.38）を基に筆者一部改正）

　Pre-task は、topic と task の導入段階で、役に立ちそうな語句等（words and phrases）を扱い、次の task のやり方を理解させます。続く Task cycle は、Task（タスク活動）、Planning（次の Report（発表）の準備）、Report（発表）と進行しますが、最初の Task では、生徒は、ペアまたはグループで次頁にある Listing などの task に取り組み、教師は距離を置いて見守り、励まします。次の Planning ではその次の Report の準備をします。この準備には発表の練習を含みます。教師は、発表する目的や場面、状況などをうまく設定し、仕掛けて、助力することが腕の見せどころとなります。Report では、task への取り組みやその結果気づいたことを口頭で発表したり、提示したりします。教師は司会者として、生徒全員に、発表を聞く目的と聞いた情報をどのように扱うのかを、明確に理解させておかなければなりませんし、発表内容が興味深いことや発表への努力に対して、建設的なコメントを忘れないことが大切です。最後の Language focus では、語句等（new words, phrases, and patterns）に焦点を当てて、Analysis

（分析）と Practice（定着の活動）をすることになります。語句等を最後に扱うのが大きな特徴
です。この Analysis の具体な学習活動例としては次に提示します（Willis、1996、pp.106-107）。

　　・Semantic concepts（意味の概念）　例：人に関する表現をすべて抜き出しなさい。
　　・Words or Parts of a word（語及び語の構成要素）　例：比較に関する表現を、分類して列
　　　　　　　　　　　　　　　　　　　　　　　　　　　　　　挙しなさい。
　　・Categories of meaning or use（意味と用法）　例：-ing の表現を分類しなさい。

　この分析と定着の活動で生徒は、意識化・意識高揚（consciousness-raising）すべき語句等
の分析の方法を確認したり、その用法を理解したりすることが求められます。教師は、語句等
に注意を向けさせ、分析活動のまとめをします。
　タスクとしては、例えば、jigsaw（ジグソー）、information gap（インフォメーション・
ギャップ）、decision-making（意思決定）、opinion exchange（意見交換）などがよく知られて
います。Willis（1996、pp.26-28）は次の 6 つのタスクに注目しています。

1. Listing（リスト作り）:
   何かのリストを作る。
2. Ordering and sorting（並べ替えと整理）:
   論理上適切な順序や時系列に沿って並べる、など。
3. Comparing（比較）:
   共通点や相違点を特定してそれらを関連づける。
4. Problem solving（問題解決）:
   合理的な判断が必要となる。論理的思考を必要とする簡単なクイズや、短い文章をもと
   にその結末の予想や、その予想の手がかりを探したりする完成問題。
5. Sharing personal experience（経験共有）:
   生徒自身の自由発話や他の生徒との経験共有。目標指向性が薄く、それだけ難しい。
6. Creative tasks（創作型タスク）:
   「プロジェクト」と呼ばれることも多い。統合的活動や教室外調査が必要になる場合もあ
   る。チームで協働する能力や協調性が重要になる。

　注目すべきは、この 6 つのタスクのみが重要ではなく、例えば、Willis（1996、p.28）は、
意見交換のような到達点がはっきりしていない開放型のタスクこそ実際のやり取りに近く、生
徒にこのようなやり取りができるように指導することが重要であると指摘しています。

（3）　これまでのまとめ

　教育の世界では不易流行は重要であり、例えば不易が 10 の原則であるとすると、流行は「主体的・対話的で深い学び」で、その中心にあるべきは、「深い学び」でしょう。深く学ぶということは、CLIL に着目すると cognition（思考）と強く関連することに気づきます。この cognition を内包していて、特に深い学びの授業実践を補完する点で注目すべきは evaluating と analyzing であり、その手法として visual organizer を活用することで効果を発揮してくれそうです。これを、言語活動にどのように落とし込んでいくかを考えた時に、Willis（1996）の TBLT をヒントに pre、while、post の大枠で展開する授業デザインがよいのではないかということです。

3.　実際の授業

（1）　本時の授業の基本的な考え方

　私たちの授業は、英語で行われて、コミュニケーション能力の育成を、4 技能・五領域の目標に向けた言語活動で達成するということが求められています。特に、高校においては統合的な言語活動や支援も必要です。しかし、このような用語は、突き詰めていくと、現行学習指導要領下のみのためにということではなく、「流行」ではなく、「不易」の一つと思います。「これくらいのことはやってしまいましょう！」という気概で、中学校でも高校でも、CLIL（特に cognition を高めることを意図した活動を重視して）と Willis（1996）の TBLT の知見を使いつつ、前を向いて進んでいきたいと考えています。

（2）　授業実施案

　次に提案する授業では、読んで、話すこと［やり取り］を体験して、書いてまとめます。なお、読むためのテキストを提示していますが、聞くことにも対応できます。

⋯⋯

　1）　授業にあたって

　人の心に伝わる文章を、深く読んで、味わい、心の動きを外化して、それを仲間と共感することで、生徒が、家族の一員であることから、ひいては社会の一員であることを自覚して、世のために行動する端緒になればという思いで授業を進めたいです。

　2）　教材

「父親から二人の息子への手紙」（ある家族のエピソードを参考にした筆者の書き下ろし）です。

To My Two Sons

　Shin, you were just a small life that came to your dad and mom. Bright and cheerful and our treasure. Everybody around you became as happy and pleased as could be: they are your grandmother (*Jubaba*) and her older sister (*Eiko-obachan*), as well as your grandfather (*Jiiji*) and grandmother (*Baaba*), both of whom lived in the distant hometown of your mom. After a while, a few years after your birth, another treasure of ours came, Acchi. You became Acchi's brother and you felt happiest on the very day of his birth.

　Next, Acchi, I want to talk about your relationship with your brother. Shin also got together to give a welcoming smile with those people who celebrated your birth. Every time I saw Shin, Shin hugged or touched you, which told everyone around them that Shin deeply loved you.

　Shin, you used to be a boy who we often had seen in every street in the Showa era. You loved toy swords and I remember you often chased pigeons nearby, crying, with your toy sword held above your head. Among the upscale houses, one of which was mine, nobody could see such a little boy like you. I liked your youthful innocence, which your mom did not seem to like, though. One day when you were still poor at riding a bike, you got injured when you ran into a utility pole near our place. The scar on your chin will be your medal of honor.

　Acchi, do you remember this? Every day you returned from your kindergarten with your grandpa after he picked you up. This was your grandpa's happiest time. You ran fast in your kindergarten foot race. I was always happy to see you running in the race. You loved your brother when you grew up. In those days, you followed your brother. Also, you followed your brother's way of life to be a member of a volleyball team in your junior high. You had been doing your best as the volleyball libero, the defense specialist, before you graduated. I was happy and relieved that you did your best. You also belonged to the high-school volleyball team. You never gave up to the last. I was proud. After that, you passed the university entrance exam.

　Shin, you are a member of society and are walking on the path of your choice. I want you to continue to work hard with the motto of "light in the world." Acchi, there will soon be your own course and you need to start walking. What will you do, Acchi? All you can do is keep trying. Regardless of the future, your mother and I hope that you two will live happily with the knowledge of our love and affection.

From Dad

3）　本時の目標

　父から二人の息子への手紙で、多くの支援を活用すれば、手紙の内容を図や表にまとめて、必要な情報を読み取り、書き手の意図を把握することができ、また、基本的な語句や文を用いて、その図表なども使い、情報や考え、気持ちなどを話して伝え合うやり取りを続けることができる。

4）　本時の授業提案の指針

　本時は、高等学校学習指導要領の英語コミュニケーションⅠの「読むこと」アと「話すこと［やり取り］」アを目標とした授業で、高等学校学習指導要領解説の pp.44-46（「読むこと」（ア））及び pp.47-48（「話すこと［やり取り］（ア）」）に示された、それぞれの目標と関連した言語活動を参考に、この TOPIC で提示した CLIL と TBLT をもとに、統合的な言語活動や支援などを活用した授業を提案します。

5）　本時の評価規準

知識・技能	思考・判断・表現	主体的に学習に取り組む態度
〈知識〉必要な情報を読み取り、書き手の意図を把握するために必要となる、また、情報や考え、気持ちなどを話して伝え合うやり取りを続けるために必要となる、語句、表現（-ing など）、文を理解している。 〈技能〉 「父から二人の息子への手紙」について、 ①必要な情報を読み取り、書き手の意図を把握する技能を身に付けている。 ②情報や考え、気持ちなどを、話して伝え合うやり取りを続ける技能を身に付けている。	「父から二人の息子への手紙」について、自分の思いを伝えるために、 ①必要な情報を読み取り、書き手の意図を把握している。 ②情報や考え、気持ちなどを、話して伝え合うやり取りを続けている。	「父から二人の息子への手紙」について、自分の思いを伝えるために、 ①必要な情報を読み取り、書き手の意図を把握しようとしている。 ②情報や考え、気持ちなどを、話して伝え合うやり取りを続けようとしている。

6）　本時の展開

	生徒の活動と教師の指導・支援
導入	・挨拶、出席確認 ・目標提示
展開	Pre-task ここでは task のやり方を理解させる。そのため、task（「list 化」（listing）及び「整序と整理」（ordering and sorting））で使う必要な情報や書き手の意図を明示する mind map を描く練習をする。また、task の list 化は、何を、どのように等の項目を自分で明確にすることができないと意外と難しいので、ここでは丁寧な説明に基づいた練習が必要となる。 Q: What did you do when you were younger or very young? Who was with you then?

展開

①スキーマの活性化も意図して、教師は問いを口頭で（必要があればスライド等でも）提示して、生徒各自が考えて、各自について右のような mind map で表現するように伝える。必要に応じて、教師が有用な語句や図形を（少し）描くのもよい。机間指導では生徒を特定しないようにして、○の数を全体に言って競わせるのもよい：「おっ！５つ描いてる！」「誰が 10 個描けるかな？」等。

②テキストの内容を踏まえながら、教師自身のことを描きながら提示するのもよい（teacher recounting a similar experience という task）。語句や表現を生徒の実態に応じて提示したり、練習して扱う。タスクのやり方を確実に理解させる。

（図：mind map）
- Riding a tricycle with my daddy at 5
- *I* at 16
- Mom reading picture books for me at 4
- Playing with my brother at 3

③ You are going to read a letter written by a father. I would like you to get the information in it and to think about the father's love for his sons. You have three tasks. The first task is listing. The second task is completing the table. The third task is writing.

Task cycle

・Task では mind map も使い、「父親から二人の息子への手紙」の必要な情報を読みとり、書き手の意図を把握して、そのためのやり取りもして、list 化や表を完成する task に取り組む。

・生徒が task に取り組んでいる時は、原則として、教師は確認はすれどモニターに徹する：教えない、誤りを訂正しない、机間指導・支援では生徒のあいまいさへの耐性を発揮させるべくじっと耐える！（どうしても支援が必要な時は最小限で！）。

・Planning では、生徒は次の「発表」の準備として、Task にどのように取り組んだかを、振り返る。

・Report では、Task にどのように取り組み、何が難しかったかを口頭で他のペアに報告する。

＊ Task 1 と Task 2 のそれぞれに Report を位置づけているが、Task 1 では Report をせずに、Task 2 の Planning の後に Report を一挙にまとめてやるのもよい。

Task 1

「父親から二人の息子への手紙」の必要な情報を読みとり、書き手の意図を把握して、やり取りをする。その際に、mind map を描き整理して、list 化の task に取り組む。

〈Task〉

・未知語を推測しつつ、自分の体験と関連付けながら、スキミングなどで必要な情報を読みとり、書き手の意図を把握する。

・生徒の実態によっては、task の際に「必要な情報」と「書き手の意図」等の項目に着目しづらいことが予想される。その場合は、それらを明示するなどの対応が必要である。特に書き手の意図は、このような活動に慣れていなければより難しいかもしれないので、「どうして父はこのエピソードを取り上げたのだろう？」「どうして父はこのように書いたのだろう？」などを問いかけてみるのもよい。

・実際には次の進行が考えられる：1. 一度黙読する。2. Mind map を描き、キーワードを出して、箇条書きで list を作る。3. お互いの list をもとに口頭で、ペアと話す。4. やり取りを通してさらに list を整理する。

・やり取りの前に、話して伝え合うやり取りを継続する（Well、You know など）、質問しあう（What did you say?）、思考を深める（Why do you think so?）ことができるように、コミュニケーション方略として使える表現を練習する。

展開

〈Planning〉

・生徒は次の Report（発表）の準備として、Task にどのように取り組み、結論に至ったかを（できれば all in English で）発表するための準備をする（「発表」に必要な、生徒各自の音読活動を含む）。

・教師は次の「発表」を見据えて、リストの仕上げや「発表」の練習を助けるのはよい。

〈Report〉

・Task をどのように取り組み、結論に至ったかを（できれば all in English で）口頭で報告する。

Task 2

「父親から二人の息子への手紙」の必要な情報を読みとり、書き手の意図を把握して、やり取りをする。その際の task は ordering and sorting で、表に記入させる。

〈Task〉

	birth	infancy	high schools	university	member of society
older brother					
younger brother					
the father's love					

・教師は表をしばらくの間、教室のスクリーンに提示する。その後、提示を中断して、生徒はスキャニングなどでもう一度だけ読む。その後、表を配付して、生徒はそれに記入して完成させる。その際、繰り返し読み、ペアとのやり取りも通して整理し、この task に取り組む。

・注意点としては、 Task 1 の mind map をもとに次のリストを完成する。Evaluating と analyzing のタスクとして、父親の息子に対する愛情を把握する。書かれていないが推測できる愛情についても考える。一度パートナーと表を見せ合い英語でやり取りをする。やり取りの前に、話して伝え合うやり取りを継続する（Well、You know など）、質問しあう（What did you say?）、思考を深める（Why do you think so?）ことができるように、コミュニケーション方略として使える表現を練習する。

・やり取りの際には、書き手としての父の意図を考えさせて、対話が継続・発展する豊かなやり取りになるように、「この時父はどう思ったのだろう？」「この時の父の気持ちは喜怒哀楽驚きのどれかな？」等の問いかけで支援をするのがよい。

・生徒の実態においては、task の際に「必要な情報」と「書き手の意図」等の項目に着目しづらいことが予想される場合は、明示するなりの対応が必要である。特に書き手の意図は、このような活動に慣れていなければ難しいかもしれないので、「どうして父はこのエピソードを取り上げたのだろう？」「どうして父はこのように書いたのだろう？」などを問いかけてみるのもよい。

〈Planning〉

・発表する準備をする（報告の音読活動を含む）。

〈Report〉

・表をもとに、どのように Task に取り組み、結論に至ったかを（できれば all in English で）口頭で報告する。

Task 3 　＊統合的な言語活動をめざす。

高等学校学習指導要領解説の p.44 に「読み取った内容を話したり書いたりして伝え合う活動」と、同じく p.47 に「やり取りした内容を整理して発表したり、文章を書いたりする活動」とあり、この Task 3 では「書くこと」に取り組み、統合的な言語活動をめざす。この活動で書いたものをもとにやり取りをするとなおよい。

展開	・活動（生徒がどれかを選択すると想定している）。

・活動（生徒がどれかを選択すると想定している）。
①自分の周りにいる方への思いを伝えることの大切さも学んだので自分も「…への手紙」を書いてみたくなりました。まずは、次のことを整理して、箇条書きで書き、手紙を書く準備をしましょう：誰に、最も書きたいエピソード、なぜ書きたいか。（Listing の task である。生徒への家庭環境に配慮して、提示する。）
①' 上の①で書いた内容の手紙を書いてみましょう。
②有用な語句や表現を教師が提示するなどの支援をする。「完成した表等をもとに「手紙」の summary を書きなさい。その際 The older brother seemed to be a naughty boy. What do you think about the younger brother? の回答を含んだ 100 語程度で書くこととする」（「表」の task を使った活動。「完成した表等」の「等」は、所載項目を追加することもよいと考えていることによる。）

Language focus

〈Analysis〉
・生徒は consciousness-raising の語句等の分析活動方法を確認して、分析する。本時では categories of meaning or use を扱い、-ing の表現を分類させる。
〈Practice〉
・語句等の定着のための練習活動で、自信をもたせる。
・個人やペアなどで活動して、language notebooks（Language focus 専用の語句等のまとめのための自己学習ノート）に書き留める。

整理
・本時で取り組んだ task、活動及び language notebooks 等を、まず自分で振り返りをした後にペアまたはグループで振り返る。本時で一緒に活動していないメンバーがよい。
・上記の振り返りをクラス全体で共有する。
・本時のまとめの一言と挨拶（「よく頑張った！　次回も頑張ろう！　ありがとう！」等）。
・宿題提示：
　Task 3 で取り組んだ手紙（①）または summary（②）を visual organizer で表現して、自分が意図したようにそれぞれが書かれているかを検討してみる。

7)　まとめ

　手紙をもとに、CLIL の思考をヒントに、Willis（1996）の TBLT を基盤に、4技能・五領域の統合的言語活動によるコミュニケーション能力の育成をめざす授業を体験していただきました。教師の仕掛けと支援で生徒は力を高めてくれるものと思います。

4.　最後に

　このように CLIL の「思考」を重視して visual organizer を利活用して、TBLT の大枠と task をうまく活用することで、「主体的・対話的で深い学び」の授業が拓けると思います。

　生徒を見つめ、今何が必要であるかを十分吟味して、本時でどのように生徒が変容してほしいかをじっくり考えました。そのためにゴールを明確にして、ゴールから逆算した backward design の授業設計をしました。それぞれの段階での明確な目標にこだわり、目的を明確にした活動を全うできるように必要最低限の指示をして、その指示には頑固なまでにこだわって指導していくことで、生徒たちは満面の笑顔で授業に参加すると思います。

---

2. 米田謙三の授業：ICT を活用した STEAM 教育の英語授業

---

1. STEAM 教育の実践について

(1) そもそもの「総合的な学習の時間」の成果と課題

これまでの「総合的な学習の時間」の成果として、「幼稚園、小学校、中学校、高等学校及び特別支援学校の学習指導要領等の改善及び必要な方策等について（答申）（平成28年中央教育審議会)」には、「全国学力・学習状況調査の分析等において、総合的な学習の時間で探究のプロセスを意識した学習活動に取り組んでいる児童生徒ほど各教科の正答率が高い傾向にあること、探究的な学習活動に取り組んでいる児童生徒の割合が増えていることなどが明らかになっている。また、総合的な学習の時間の役割は PISA における好成績につながったことのみならず、学習の姿勢の改善に大きく貢献するものとして OECD をはじめ国際的に高く評価されている」(p.236) と書かれています。さらに課題として、「一つ目は、総合的な学習の時間で育成する資質・能力についての視点である。総合的な学習の時間を通してどのような資質・能力を育成するのかということや、総合的な学習の時間と各教科等との関連を明らかにするということについては学校により差がある。これまで以上に総合的な学習の時間と各教科等の相互の関わりを意識しながら、学校全体で育てたい資質・能力に対応したカリキュラム・マネジメントが行われるようにすることが求められている。二つ目は、探究のプロセスに関する視点である。探究のプロセスの中でも「整理・分析」「まとめ・表現」に対する取組が十分ではないという課題がある。探究のプロセスを通じた一人ひとりの資質・能力の向上をより一層意識することが求められる。三つ目は、高等学校における総合的な学習の時間の更なる充実という視点である。地域の活性化につながるような事例が生まれている一方で、本来の趣旨を実現できていない学校もあり、小・中学校の取組の成果の上に高等学校にふさわしい実践が十分展開されているとは言えない状況にある。」(p.236) と指摘しています。これらの課題を解決する方法の一つに STEAM 教育があると筆者は考えています。

(2) STEAM 教育について

STEAM 教育の STEAM は、Science（科学）、Technology（技術）、Engineering（工学）、Arts（人文社会・芸術・デザイン）、Mathematics（数学）の頭文字を取った言葉であり、アート、リベラルアーツ、文理の枠を超えた学びを意味します。初期の STEAM 教育は、統合型 STEM 教育に Arts（デザイン、感性等）の要素を加えたものと解釈できます。

「STEAM 教育等の教科等横断的な学習の推進について」(https://www.mext.go.jp/

content/20220518-mxt_new-cs01-000016477_00001.pdf）には、「初期の STEAM 教育は、統合型 STEM 教育に Arts（デザイン、感性等）の要素を加えたものと解釈できる。STEM pedagogical commons for contextual learning（Yakman、2006）（https://onl.bz/nxxAXrf）では、STEAM 教育は学問領域を横断して指導する枠組みであると示している。また、STEAM 教育は、エンジニアリングとアーツ（言語や歴史などを含む文科）を通して解釈される科学と技術であり、すべては数学的な要素に基づくものであるとする。」（p.9）と示しています。

　また、STEAM 教育の可能性を、「STEAM 教育等の教科等横断的な学習の推進について」では、

　　・近年は、現実社会の問題を創造的に解決する学習を進める上で、あらゆる問いを立てるために、Liberal Arts（A）の考え方に基づいて、自由に考えるための手段を含む美術、音楽、文学、歴史に関わる学習などを取り入れるなど STEM 教育を広く横断的に推進していく教育（東京学芸大学大谷忠氏より）。（p.9）
　　・取り扱う社会的課題によって、S・T・E・M を幹にして、ART/DESIGN や ROBOTICS、E-STEM（環境）など様々な領域を含んだ派生形が存在し、さらには国語や社会に関する課題もあり、いわゆる文系、理系の枠を超えた学びとなっている（日本 STEM 教育学会新井健一氏より）。（p.9）

と記載しています。

（3）　未来の教室の取り組み

　経済産業省は、子どもたち一人ひとりが未来を創る当事者として育つために、令和の教育改革として「未来の教室」の構築が必要であるとし、2018 年に「未来の教室」（https://www.learning-innovation.go.jp/）ビジョンを発表しています。その取り組みの3本の柱として、1. 学びの STEAM 化、2. 学びの自立化・個別最適化、3. 新しい学習基盤づくりを提言した「STEAM ライブラリー」の取り組みは、「1. 学びの STEAM 化」の具現化に向けた取り組みとなっています。

　STEAM は、先述のように Science、Technology、Engineering、Arts、Mathematics の頭文字を取った言葉であり、AI と第4次産業革命の世紀に価値を生み出す力を養うために、学びを「より学際的で、創造的社会的な学び」へとシフトさせていく考え方と言えます。「未来の教室」では、「学びの STEAM 化」として、子どもたちのワクワクを起点に「知る」と「創る」の循環的な学びを実現することをめざしています。

　学びの STEAM 化の実現のために、企業や研究機関の参画のもとで始まったのが STEAM ライブラリー事業です。STEAM ライブラリーは、「知る」と「創る」の循環的な学びを実現するための教材コンテンツや指導案などが1か所に集約されたプラットフォームです。小・中・高の児童生徒を対象に、主教材（動画等）＋補助教材で構成し、学習指導要領との紐づ

けや指導計画や指導案の掲載など、学校等の授業内で使いやすく工夫することで、「学びのSTEAM化」の拡大、普及、発展に努めています。STEAMライブラリーのテーマは、AIやエネルギー、モビリティ、防災など社会と接続されており、SDGsにも関連づけられた教材で、民間事業者や高校、大学、研究機関などが連携し、コンテンツ開発を行っています。また、先生方が学校現場で活用していただくことはもちろんのこと、子どもたち自身がいつでも視聴や活用が可能な形で学べる教材として、オンライン上に掲載、配信しています。

(4) STEAM 教育の課題

　中央教育審議会答申（令和3年1月26日）では、STEAM教育の課題について下記が求められています。

- ・文系・理系といった枠にとらわれず、各教科等の学びを基盤としつつ、様々な情報を活用しながらそれを統合し、課題の発見・解決や社会的な価値の創造に結び付けていく資質・能力の育成
- ・STEAM教育は各教科での学習を実社会での問題発見・解決に生かしていくための教科横断的な教育
- ・STEAMの各分野が複雑に関係する現代社会に生きる市民として必要となる資質・能力の育成を志向するSTEAM教育の側面に着目し、STEAMのAの範囲を芸術、文化のみならず、生活、経済、法律、政治、倫理等を含めた広い範囲（Liberal Arts）で定義し、推進

併せて、今後更なる充実が期待されることとして、下記の1から4を課題としています。

1. STEAMの各分野が複雑に関係する現代社会に生きる市民、新たな価値を創造し社会の創り手となる人材として必要な資質・能力の育成
2. 理学、工学、芸術、人文・社会科学等を横断した学際的なアプローチで実社会の問題を発見し解決策を考えることを通じた主体的・対話的で深い学びの実現
3. 各教科等における探究的な学習活動の充実、総合的な探究の時間、理数探究等を中心とした探究活動の充実、文理の枠を超えたカリキュラム・マネジメントの充実、各教科等の目標の実現に向け、その特質に応じた見方・考え方を働かせながら、文理の枠を超えて実社会の課題を取り扱う探究的な学習活動の充実
4. 知的好奇心や探究心を引き出すとともに学習の意義の実感により学習意欲を向上、文理の枠を超えた複合的な課題を解決し新たな価値を創造するための資質・能力を育成、高等学校等における多様な実態を踏まえた探究的な学習活動の充実

2.　具体的な STEAM 授業実践事例

（1）　STEAM 授業実践事例 1

………………………………………………………………………………………………………

1）　授業のねらい

①　受信 → 思考 → 発信の流れで 4 技能を身に付ける。

　　具体的には「速さに慣れる」→「ニュースの内容を理解する」→「世界に目を向ける」

②　社会を構成する一員として、決して身近ではない問題であっても関心を持つことができる。

　英語コミュニケーションⅠの「聞くこと」のイの学習指導要領の目標は、「社会的な話題について，話される速さや，使用される語句や文，情報量などにおいて，多くの支援を活用すれば，必要な情報を聞き取り，概要や要点を目的に応じて捉えることができるようにする」となっています。ここに出現する必要な情報とは「概要や要点を目的に応じて捉えるために必要となる情報」を意味していますし、概要とは「聞いた英語のおおよその内容や全体的な流れ」、要点とは「話し手が伝えようとする主な考えなどの聞き落としてはならない重要なポイント」のことです。また、目的に応じて捉えるとは、「何のために概要や要点を捉える必要があるのかを生徒があらかじめ理解し，あるいは指導された上で必要な情報を聞き取らせる必要があることを示している」と学習指導要領解説には示されています。

2）　指導観

・世界最大のニュース専門放送局 CNN の英語ニュースを活用しているので、政治、経済、科学、教育、文化など幅広いジャンルから、世界の「いま」を理解させたい。

・「テストで点数は取れるのに、実際に英語圏に行ってみると全然聞き取れない」という経験をしている生徒が多いが、それはスタジオ録音された文法的に正しい英語を聞き、必ず答えのある人工的に作られたテストを解いていたのが大きな原因の一つと言われている。実際の発話には、言い間違いや辞書にない表現や多少の論理的な矛盾があることを実感させたい。

・ニュース素材から世界に目を向け、SDGs の観点で問題点を洗い出し、英語を用いて解決に向けた仮説を生成できるようにさせたい。

3）　生徒観

・英語の 4 技能の必要性を理解させたい。

・2021 年度から始まった大学入学共通テストの英語の出題傾向を見ると、多様な英語への

対応が求められている。特に CNN のニュースでは発音の多様性を体験させたい。

・英語力ももちろん必要だが、それを支える教養や知識がないと発信はできないということを考えさせたい。

・素材の多様性から世界に目を向けさせ、世界で起こる諸問題について、その問題解決に向けた仮説生成を英語でまとめさせたい。

4) 授業の題材・教材

アメリカのニュース専門テレビ局 CNN で放送されたニュースを利用した教材です。初めから教材用にあつらえた音声ではなく実際にテレビなどで放送されている「生きた」英語を素材にしています。

5) 本時（1限目）の技能別目標

政治、経済、科学、教育、文化など社会的な話題について、話される速さや、聞く回数、Keywords シートの活用による使用される語句、ニュースのタイトルの活用、動画などの情報などにおいて、多くの支援を活用すれば、必要な情報を聞き取り、概要や要点を目的に応じて捉えることができる。

なお、2限目の目標は、

聞きとった必要な情報をもとに、自分の考えを英語で適切に表現すること、さらにその情報を独自の視点で分析して自分の考えをまとめてレポーターのように発表することができる。

6) 評価規準

A. 知識・技能	B. 思考・判断・表現	C. 主体的に学習に取り組む態度
①〈知識〉政治、経済、科学、教育、文化など社会的な話題に関する連語及び慣用表現を理解している。 ②〈技能〉政治、経済、科学、教育、文化など社会的な話題について、必要な情報を聞き取り、概要や要点を目的に応じて捉える技能を身に付けている。	①政治、経済、教育、文化など社会的な話題について、必要な情報を聞き取り、概要や要点を目的に応じて捉えている。	①政治、経済、科学、教育、文化など社会的な話題について、必要な情報を聞き取り、概要や要点を目的に応じて捉えようとしている。

7)　授業の展開

【1 限目】　○指示・発問　□要点

過程	生徒の学習活動	指導内容	指導上の留意点
導入 5 分	〈全体活動〉 ・ナチュラルスピードで ニュースを 2 回聞く（1 回 目は動画付きで、2 回目は 音声のみで聞く）。	○動画を流し、まず見て聞いてみるように伝える（スクリプトは最初は見せないようにする）。	□生徒が興味をもって取り組める活動とするための働きかけをしたい。
展開 1 8 分	〈個人（全体）活動〉 ・Keywords シートを見ながら、語彙を確認する。 ・英 → 日、日 → 英で意味を確認するだけでなく、発音の練習も何度も行う。	○Keywords シートを開くよう指示する。 ○正しい音声を聞くことの大切さと単語の確認が本文の聞き取りにつながることを伝える。	□Google スライドや Quizlet、Kahoot! などを使ってもよい（Ⅲ 4 参照）。 □個別でなく全体で活動してもよい。
展開 2 15 分	〈個人（ペア）活動〉 ・ナチュラルスピードでニュース音声を 1 回聞く。 ・スピードを変えてよいので音声を繰り返し聞く。 ・音読練習を行う。	○何度も何度も聞いて口に出して言ってみることが大事であることを伝える。 ○音読練習ではペア活動を取り入れてもよいことを伝える。	□ここではスクリプトは配付しない（スクリプトを見せるか見せないか、どのタイミングで見せるかは教員が最終的に判断する）。 □何度も教員が再生して一斉に聞かせても構わないし、個人で再生しても構わない。 □音読練習については、様々な手法を用いてよい。 ＊シャドーイング、ペアワーク、グループワークなど。
展開 3 20 分	〈個人活動〉 ・ナチュラルスピードでニュース音声を 1 回聞く。 ・ワークシートの Listening Quiz（Listening Comprehension）に回答する。 ・個人で答え合わせを行い、3 分間で内容を再確認する。 ・ワークシートの True -or -False Quiz に回答する。 ・個人で答え合わせを行い、3 分間で内容を再確認する。 ・最後に動画を再生して全体で視聴する。	○ワークシートを配布する。 ○ワークシートの Listening Quiz の回答を全体へ示す。 ＊必要に応じて文の構造などを解説する。 ○ワークシートの True -or -False Quiz の回答を全体へ示す。	□日本語訳は指導方法によって入れる、入れないと教員が判断する。 □理解度が上がっていて聞けた、聞こえた、わかるようになったポイントを伝える。
まとめ 2 分	〈個人活動〉 ・この時間の振り返りをする。	○「速さに慣れる」→「ニュースの内容を理解する」ときのポイントを伝える。	□「世界に目を向ける」ことの大切さも伝えるようにしたい。

【2限目】 ＊発展＊　○指示・発問　□要点

過程	生徒の学習活動	指導内容	指導上の留意点
例1	・ワークシートを利用し、1限目で取り上げたニュースから課題の抽出とその解決に向けた仮説生成を行う。		□SDGs を考えさせることから自分事化に繋げる。 □英語の論文・レポート・プレゼンテーションにつなげてもよい。
例2	・レポーターと同じように読む練習を個人で行う。 ・発表会を実施する。	○「CNN のレポーターになれるぞ！！」と伝えるなどして、やる気を高めたい。	

(2)　STEAM 授業実践事例2

　1)　授業のねらい

　選んだニュースから課題を見つけて論文・レポート・プレゼンテーションなどを実施することで下記の2つのねらいを達成します。

　① "What"　何を学ぶか：従来の科目の枠組みにとらわれない、統合的・学際的で社会と接続されたテーマに関する学びを重視する。特に STEAM の各分野を広く横断しながら学ぶ。中でも A は Liberal Arts つまり、「問いを立てる力」としての Arts を重視する。
　② "How"　どう学ぶか：「未来の教室」のコンセプトである「ワクワク」を中心とした「知る」⇔「創る」のサイクルを、より具体的な学びのステップに落とし込む。

　2)　授業の題材・教材

　アメリカのニュース専門テレビ局 CNN で放送されたニュース及びブリタニカの教材を用いる。初めから教材用にあつらえた音声ではなく実際にテレビなどで放送されている「生きた」英語を素材にしている。

　3)　技能別目標

・社会的な話題について、ニュースのタイトルから内容を探りながら、必要な情報を読み取り、概要や要点を目的に応じて捉えることができる。
・また、読み取った内容を話したり書いたりして伝え合うことができる。その活動の最後にその内容を独自の視点で分析して自分の考えをまとめて発表することで、より深い思

考に繋げることができる。

4）　授業の流れ（3時間程度）

下記の探究のプロセスをもとに英語で探究型論文作成・発表に取り組む。

①　社会状況を踏まえて課題を設定する。

②　目的に応じて適切な手段を選択し、情報を収集する。

　必要な情報を広い範囲から迅速かつ効果的に収集し、多角的、実際的に分析する。

③　取り出した情報を整理、分析する。

　事実や関係を構造的に把握し、自分の考えを形成する。

　事実や事実間の関係を比較したり、複数の因果関係を推理したりして考える。

④　気づきや発見、自分の考えなどをまとめ、判断し、表現する。

....

3.　成　果

STEAM の学び

　一人ひとりのワクワクする感覚を呼び覚まし、文理を問わず教科知識や専門知識を習得する（＝「知る」）ことと、探究・プロジェクト型学習（PBL）の中で知識に横串を刺し、創造的・論理的に思考し、未知の課題やその解決策を見いだす（＝「創る」）という循環する学びを実現するということです。

4.　おわりに

　これからは、未来に向けた一人ひとりの考えとアクションがサスティナブルな未来の社会をつくることに気づき、めざす社会に自分はどんなことができるか、どんな課題があるかを自分事として考え、そしてそれを行動に移すための学びが必要であると改めて感じました。

---

3. 田中十督の授業：授業デザインに裏打ちされた音声指導

　発音指導と音読指導は全国で広く見られる指導で、シャドーイングも広く行われてきているようです。その目的、意義、方法などについて、授業デザインや連続指導の視点からも、それぞれの指導を考えてみたいと思います。

1. 発音指導

（1）　なぜ発音指導が大事なのか。

　英語の音を英語の音として正しく認識するためには、英語の音を正しく発音できる必要があるように思います。日本の英語教育の学習指導のあり方では、この点が著しく欠落しているように思われます。すなわち、指導者は「世界には多様な発音の形態があるのだから、英語の発音はカタカナ式でも問題がない」「我々はネイティブスピーカーではないのだから、発音が英語のネイティブスピーカーのように正確にできないのは当たり前だ」という前提に基づいて、現場で、子どもたちに指導を行っていると思います。これが日本の英語教育の9割以上の現状なのではないかと思います。発音はカタカナでよいという観念を刷新することで、日本の英語教育は新たな段階に向かえると思います。

（2）　英語の発音指導について

　英語は口腔内の筋肉の使い方（舌の動きや口の開閉の仕方）が日本語のそれとは異なっているため、日本語と同じように発音をしても、英語の発音にはなりません。ですから、まず英語を発音するときの口の筋肉の使い方を生徒に指導しなければなりません。以下では母音の音を出す際の音の位置を表す口腔内の断面図と *English Phonetics and Phonology : An Introduction*（Carr、Wiley-Blackwell、2019）をもとに音声を確認しましょう。

　英語の発音は、母音の出し方だけでも20種類、子音の出し方で24種類ありますが、そもそも日本語は、口の中を大きく動かさなくても発音できる言語なので、発音するときにほとんど口の中の筋肉を動かさず、無理なく発声できます。

　一方で、英語は母音を出すとき、/i/ と /e/ の音は口を横に大きく開いて口の前の方で出す、/u/ の音は口の真ん中を卵1個分を縦に開いて音を出す、/o/ と /a/ の音は喉の奥の方を大きく開けて出すというふうに、口を大きく開いて発音しなければなりません。

　中学生への指導の際には、ア、イ、ウ、エ、オの順で教えていくのではなく、口の前の方から、口を横に開いて、/i/、/e/、/u/、/o/、/a/ というふうに、口の前から喉の奥に行くに

従って口腔内が大きく開いていくイメージで指導を
していきます。

　母音の指導が特に難しいのは、上記の基本の音の
出し方に加えて、伸ばす音、母音が2つ重なる二重
母音、短母音の音、/e/ と /a/ の混じったような音
/æ/ など、日本語の母音とはまったく異なっている
からです。基本の日本語の母音を、口を開けてしっ
かりと発音できるように練習してから、少しずつ、
伸ばす音、二重母音などの練習に入っていく指導が
理想的です。

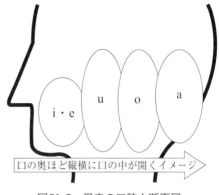

図Ⅳ-2　母音の口腔内断面図

　英語の子音は 24 音ありますが、子音は明らかに日本語の発音の仕方と音の出し方が異なっ
ていますので、指導がしやすく、発声の練習もしやすいです。英語の発音という話になった時
に、よく話題に上る /r/ や /l/ の発音、あるいは、/θ/ の発音、/f/ や /v/ の発音などは、音
そのものが日本語の発音の仕方とは異なっているので、特徴をきちんと教え、その後、繰り返
し、毎回の授業で練習していくと上達していきます。

　これらの音の出し方をわかりやすく、簡易的に、しかも、音と文字の一致を提示しながら
指導できる教材が、松香フォニックスの『New Active Phonics』という教材です。この教材
は、アルファベットのペンマンシップと CD があり、上記の母音と子音の音を無理なく、継続
して練習できるように設計されたすぐれた教材です。中学 1 年生や小学生の英語指導にはうっ
てつけの教材だと思います。詳しくは https://www.mpi-j.co.jp/c/item/1133/ をご覧ください。

2.　授業デザインについて考える

　例えば、「英語力を build-up する時間は毎時間確保されるのか」という点についてなどは熟
考すべきであり、授業デザインからも考える必要があります。では、授業デザインについて考
える際に、どのような点を大切にしたらよいのでしょうか。

(1)　「自ら主体的に学ぶ学習者」へ生徒を導くための ARCS モデル

　生徒が一人で英語の勉強をする時、学習者として直面する課題がいくつかあります。こ
れは英語だけではなくどのようなことを学ぶ際にも、同じことが言えます。アメリカの教
育工学者ジョン・ケラーは ARCS モデルという学習モデルを提唱しています（Attention、
Relevance、Confidence、Satisfaction の頭文字から ARCS と呼ばれます）。学習者の学習意欲
を高めるためには 4 つの側面から考えていくことが、学習効果を高め、学習者のやる気を引き
出すために必要だ、という理論です。Attention、Relevance、Confidence、Satisfaction は下記

の通りです。

① Attention（注意喚起）

　学習者が好奇心を持って学習に取り組める要素が学習内容に含まれているか。

② Relevance（関連性）

　学んでいる内容が自分とどう関係があるかを学習者が知ることができるか。

③ Confidence（自信）

　指導者からやり方やコツを教わって、自分一人でもやることができるという自信が持てる要素が学習内容に見いだせるか。

④ Satisfaction（満足）

　実際にやってみて、スキルや技能が身に付いたり、難しくてわからなかったことが理解できたりして、継続して自分でやってみようという達成感が味わえるか。

　自ら主体的に学びに向かっていく学習者を育てていくためには、生徒自らが、学習の目的、目標、その方法について十分に理解し、自分一人でも無理なく続けることができるように、授業の中で実践することが必要なのです。

図Ⅳ-3　**ARCS** モデルのイメージ

(2)　授業の中に、英語を身に付ける時間は確保されているか

　ARCS モデルのうち、③ Confidence（自信）と④ Satisfaction（満足）を向上させる学習活動の時間を十分に取って指導を継続することにより、生徒は英語学習そのものに対して自分事として活動に関心を抱くようになり（② Relevance（関連性））、「わかる、できる」という自信に裏打ちされて、提示された教材や学習内容に注意関心を向けやすくなります（① Attention（注意喚起））。

　「どうやって英語を身に付けて、スキルを高めていくか」という問いに応える学習活動が授業デザインの中に組み込まれなければ、そもそも生徒はどのようにスキルを高めていくかがわからないままですし、自宅に帰ってから、あるいは自学の中で、どのように勉強すればよいか

不明のままです。授業の中で「英語を身に付ける」時間が毎時きちんと確保されることが非常に大切です。

①授業で英語を身に付けるトレーニングの時間がある。	→	②自学時に自分で再現することができる。	→	③自ら主体的に学ぶことができる。

英語の指導者は、英語を身に付ける時に使う学習メソッドを生徒に提示しますが、学習者に対してきちんと instruction（内容についての教授）をせず、「とにかく効果があるからやりなさい」と曖昧模糊とした指導を行ってしまう傾向が見受けられます。「指導者がすでに自ら実証済みで、自分に効果があったから生徒にも効果があるはずだ」という前提に立ち、説明を省いてしまうからです。授業の中で、「自分一人で取り組める」と自信を持って行える学習活動の実践経験がない場合、「自宅でこれをやってきなさい」と課題の指示が出ても、それをどのようにすればよいかもわからず、途方に暮れてしまうでしょう。

　もし教師の instruction（内容についての教授）と guidance（やり方説明）が、効率性が高く、やりやすい方法が提示されていれば、余計な回り道をせず、さらに高い効果を得て、学習に取り組んでいくこともできるのです。表Ⅳ-1 は ARCS モデルを意識した授業デザインの具体例です。

表Ⅳ-1　ARCS モデルを意識した授業デザインの具体例

Attention	Relevance
「英語の音を出す」雰囲気を作る。 ・教科書の内容に関連する動画を見る。 　→英語の内容が理解できなくてもよいので、本文の内容に関係がある動画を選び生徒に見せる。 ・教科書とは無関係でもよいので、歌やペアトークなどの帯活動を入れて、英語を話しやすい、発音をしやすい環境づくりをする。	「英語の音がわかる」という自己認識を作る。 ・英語の音を聞いて、単語が認識できる。 ・英語の音を聞いて、本文が聞き取れる。 ・友達に内容について説明することができると自分の理解が深まる。 ・自分で発音できると聞き取れるようになることを実感する。
Confidence	Satisfaction
教師、友達、自主トレという3つの方法を使って英語の音を体得する。 ・教師と生徒の間で発音練習をする。 ・英語の音声と生徒の間で練習をする。 ・自主トレをして練習をする。 ・友達とペアになって練習をする。	「本文の内容を理解し自分の英語の持ち駒として体得する」という目標を作る。 ・教科書の本文をスラスラと音読することができる。 ・教科書の本文の音声を聞いて、内容を聞き取ることができる。

3.「英語を身に付ける」を科学する：「音読をする」活動の際に指導者が考えるべきこと

　音読をするという活動を行う際に、音読とはこう指導するんだという前提を今一度再確認し、生徒たちにとって音読活動がどのような効果をもたらすのかを考えていきたいと思います。

（1） 授業で示されるべき項目

1） "Why do I have to do this? What for?"

① 音読の目的は何か。

② 音読をすることでどのような効果があるのか。

音読をすることによってどんな学習効果がもたらされるのかということが、実際に日々の授業で示されているでしょうか。よく見られる授業風景として「○回音読しなさい」「大きな声で読みなさい」「ペアで早読み競争をします」などの指示が出されることがありますが、具体的なやり方や方法やそれをすることによって、どんな力が身に付くのかということを生徒に提示されることがあるでしょうか。音読は、英語の音を正確に掴み取ることと、英語のnatural speed（ネイティブスピーカーが日常会話で話す時の自然な会話の速度のこと）に慣れ親しむために行うこと、さらには英文を暗唱すること、これらのために行う学習活動ですが、一方で、正しい発音で行わないとあまり意味が無いことと、英文の中身の意味や話の筋が理解不十分のままで行っても、活動はただのおうむ返しに終始することになり、効果が期待できません。

2） "How do I do that? In which way?"

③ 音読のやり方はどのようにすればよいか。

④ 回数、時間配分などはどのようにすればよいか。

⑤ 和訳は見てよいか。

⑥ 音の出し方はどうすればよいか。

音読指導で見落とされがちな視点は、音をどのように出せばよいかについて丁寧な指導が行えているか、日本語の意味がきちんと理解できた上で行えているかの２点です。

学習教材の内容について、「音の仕込み」（どのように音を出して真似たらよいか）と「意味の仕込み」（この文章はどのようなことを言っているのか）ということが把握できていないまま音読活動が行われても、音読に効果は期待できません。

（2） 授業で実践されるべき項目

授業では、まずは、発音の仕方、リエゾン（音の連結）の箇所、アクセントとイントネーションについて、教師がしっかりと guidance（やり方説明）して、それが自分のものになるように生徒が training する（身に付ける）時間が授業では確保されるべきです。次に、音の仕込みができた後に、英文そのものの意味、語句の解説、言い回し、さらに話の筋立て（ロジック）を理解し、英文そのものの意味を掴む時間が確保されるべきです。しかし、この「意味の仕込み」の時間は従来型の文法訳読式授業でも繰り返し行われてきていることなので、特に多

くの注意を払うべきは、「音の仕込み」であると考えています。

　回数、時間、頻度については、各教材の長さ、難易度、学習者の英語力に合わせて、その都度調整していく必要があります。音読指導の中に「〇回読みなさい」「覚えるまでやりなさい」などの指示が出ていることがあると思いますが、学習者個人それぞれで、覚えられるまでの時間や、理解の度合いが異なっている以上、一斉指導で「〇回やりなさい」という指導では、個々の学習者のニーズには合っていないということになります。

（3）　音読からさらに高みをめざして：英語を身に付けていく方法のプロセス

　「覚えられる」が到達目標である場合に、生徒自身が「覚えた！できた！」と実感をするためには、初期学習者の時期に、短い英文、簡単な意味の英文を使って、小さな達成感を味わっておくことが重要です。具体例を挙げておきます（英文はオリジナルです）。

> The habit of eating in Japan has changed a lot over the decades. Traditionally, most Japanese people ate a very simple meal, such as rice, miso soup, baked fish, and some pickles. They ate something much healthier for their digestion process than they have today. Nowadays, things have changed. Many Japanese people like to eat meat, bread, or other assorted food they did not have for their meals nearly 200 years ago. Many people now believe that it is very natural for most Japanese people to eat meat as part of their daily meals.

　上記の英文を「音読する」ことにより、語彙を習得する、言い回しを覚える、話の筋を追うという目的で学習活動をしようと思った時、以下のプロセスを経ることが、ただ「音読をする」よりも、より効果的に英語を身に付けることができます。

　教科書の英文よりも少しだけ負荷の低い英文教材を選んで、英文体得の作業を繰り返す時間を授業で取ると、生徒が行う学習は、「英語を知る」「英語を理解する」から、「英語を身に付ける」の学習作業に変化します。「音読をしなさい」という指示の中には、上記のような、「音と意味をきちんと理解するプロセス」と「理解した素材を自分の体に刷り込むプロセス」の2つが必要であることが重要です。表Ⅳ-2はこれらをARCSモデルを具体化した音読指導の例を示しています。

4.　毎時の授業の中で見失ってはいけないこと：連続指導の大切さ「できるまで」

　英語教師が一番大切にしなければならない心構えは「英語を嫌いにならないこと」に細心の注意を払って、腐心し続けることです。好きか、嫌いかという価値観に授業が振り回される必要はありませんが、できる限り英語学習を続けていけるモチベーションを生徒が持続させてい

表Ⅳ-2　ARCS モデルを使った音読指導例

目標と展開	生徒の活動	教師の指導・支援
Attention 生徒の興味・関心を引き出す。	・英語の歌を歌う。 ・教科書の内容に関する動画を見る。 ・簡単な英文を使った発音練習をする。	・母音やリエゾンなど、英語特有の音を指摘し、生徒が滑らかに歌えるように指導する。 ・動画を見る場合は、その内容や出てくる単語・フレーズなどについて予備知識を与え、生徒がスムーズに内容に集中できるように配慮する。 ・毎回決めた短い簡単な英文を使って発音練習をし、生徒が滑らかに発音できるようにウォーミングアップをさせる。
Relevance やりがいや「自分にとってプラスになるぞ！」の意識を作る。	・新出単語の練習をする。 ・教科書本文のリスニングをする。	・発声指導と発音指導を行い、生徒が発音をしやすくなるように助言する。 ・教科書の音声を聞いて、生徒が発音の違いを認識し、聞き取りがスムーズに行えるよう、音や意味の情報を提示して、理解のハードルを下げる。
Confidence 練習をして自分でもできる！できた！を実感させる。	1. 和訳を読む（内容をきちんと母語で理解する）。 2. 英文を教師とともに音読する（発音の仕方、リエゾンを練習する）。 3. 自分一人で音読の練習をする。 4. 音声教材を聴いて練習する。 5. 和訳を読む（意味をきちんと理解できているかを確認する）。 6. 音声教材を聴いて再度練習する。 7. 和訳を読む（英文と日本語の意味の垣根を低くし、理解と認知を一致させる）。 8. スクリプト（英文原稿）を見ずに２回連続シャドーイングをする。 9. 和訳を読む（音と意味を一致させる作業）。 10. 何も見ずに連続シャドーイングをする。	・単語や英文をきちんと音声化できるように、丁寧に指導し、練習させ、生徒が一人でも英文を滑らかに音読することができるように配慮する。 ・日本語の意味をしっかりと読ませることにより、英文の内容が理解できない、わからないという状態を解消する（和訳を先に渡して音読させることにより、理解の障壁を取り除き、ハードルを下げる）。 ・生徒が「できた、わかった、やれた！」と実感できるまで励ましながら何度も反復を重ねて体得を促す。
Satisfaction やれた！やったぞ！を実感させる。	・教科書の本文をリスニングする。 ・教科書の本文を音読する。	・初めて触れる英文や単語でも、練習や体得作業を通じて、自分で理解ができる、わかる、という実感が湧くよう、リスニングと音読を通じて、体感できるように配慮する。

けるようにする指導は続けなければいけません。

　一方で忘れてはいけないのは、「英語で相手の言っていることが理解できる」にもレベルがあるということです。なんとなく通じた、相手が話していることがなんとなくわかったというレベルではなく、相手が言っていることがきちんと理解でき、それに対して自分の意見をきちんと返すことができ、さらに相手の反論に対しても自分の意見をきちんと述べるという一連の

プロセスをすべて鑑みた上で、「英語が通じた」という状態にならなければ、生徒の達成感は中途半端なものに終わってしまいます。

　意味がわかったものや難なく発音でき、さらに体得できた英文や表現という自分の持ち駒を、自分の言葉として使えるレベルにまで体得するというスピーキングに関する学習活動を、授業の中に取り入れて、「できるまで繰り返す」体得作業を可能な限り生徒に徹底することが大切です。

(1)　シャドーイングはなんのためにやる？

　意味のわかった英文を、繰り返し、繰り返し、刷り込むことによって、英文そのものを自分が使える英語の持ち駒として体得していく作業がシャドーイングです。シャドーイングというトレーニングメソッドは、英文を音声が聞こえた通りに 0.5 秒程度遅れてついて言うトレーニング活動です。少し遅れてついていくことから、影踏み遊びに喩えられて、シャドーイングと呼ぶようです。

　シャドーイングは、上述した「音読する」という学習活動と同じで、その目的、意義づけ、方法が明確になっていないと、ただやるだけでは効果が期待できる学習活動にはなり得ません。

　シャドーイングを英語学習の一環として有効活用していくための大前提として、英語の発音が正確にできることと、使われている英文教材の意味理解がきちんとできていることが肝要です。

　シャドーイングをすることにより、音の認識力の向上と英語のスピードへの慣れ（耳のスタミナ）ができることが考えられます。そしてシャドーイングでは、「目的別トレーニング」ができます。教材の音声を頭から、ポーズを入れながら日本語で固まりごとに意味を言っていく「通訳風サイトラトレーニング」や、発音に関して、特に母音とリエゾンだけに焦点を当てた「発音シャドーイング」、音読する英文を声に出して和訳していく「固まりごとトレーニング」など、目的を明確にして行うと、それぞれの強化されるスキルにフォーカスした学習活動が可能となります。

(2)　連続指導：繰り返しの大切さ

　シャドーイングの技術に、「シャドーイング×2回」などのように書いてある場合があります。連続シャドーイングとは、そのことです。1 度トレーニングをして「はい、おしまい、次ね」という終わり方をせず、生徒に個人でトレーニングをさせながら、英文を実際に体得できるまで繰り返しトレーニングをさせるという新たな視座を「英語を身に付ける」活動に取り入れることが大切です。表Ⅳ-3 は、授業を実施する際に見落としがちな「繰り返して指導」す

表IV-3　授業デザインの中に見落とされがちな「英語体得」の活動

目標と展開	生徒の活動	教師の指導・支援
Confidence 練習をして自分でもできる！できた！を実感させる。	1. 和訳を読む（内容をきちんと母語で理解する）。 2. 英文を教師とともに音読する（発音の仕方、リエゾンを練習する）。 3. 自分一人で音読の練習をする。 4. 音声教材を聴いて練習する。 5. 和訳を読む（意味をきちんと理解できているか確認する）。 6. 音声教材を聴いて再度練習する。 7. 和訳を読む（英文と日本語の意味の垣根を低くし、理解の認知を一致させる）。 8. スクリプト（英文原稿）を見ずに2回連続シャドーイングをする。 9. 和訳を読む（音と意味の一致作業）。 10. 何も見ずに連続シャドーイングをする。	→先ほどの指導案の中で示した活動ですが、連続指導とは、6〜10まで、特に8〜10の活動を毎時どれくらい丁寧にやれるかということが体得にとって特に重要です。 　教科書すべてのレッスンで行う必要はありませんが、教師が「この英文は是非とも身に付けて欲しい」と思う教材を選び、音読とリスニングだけにとどまらず、連続して2回、3回とシャドーイングを繰り返しながら生徒に英語を身に付けさせていく指導を心がけていくことが大切です。

べきポイントを整理したものです。

　回数を、「○回やりなさい」のように課している活動は多いと思いますが、「どんな教材を」「どれくらいの理解度で」「どれくらいの量で」という視点を持って取り組ませないと、漫然と意味のわからないものを繰り返し読んでいるだけということになり、身に付くことには繋がりません。

　教材の内容をきちんと理解し、英語の語順で頭から固まりごとに意味をとって、英語と日本語の理解の離齬が限りなく無に近くなった状態で、その英語を自分の持ち駒として使えるようにするために、回数を重ねるのです。

5.　毎日の生活に、指導者自身の英語力を伸ばすトレーニングを

　授業の中に必ず、英語が身に付く学習活動を入れていくことの重要性をこの TOPIC では述べてきました。そのために、まず、私たち教員も英語のトレーニングを日常的に行う必要があります。音読、英語の文章（本、新聞記事など）を読む、シャドーイングをする、単語を覚えるなどです。それは、授業準備のために参考書を読んだり、文法の問題集を解いたりすることは業務であり、自主トレーニングではありません。指導者自らの英語力をアップさせる活動を是非毎日の生活に取り入れていきましょう。

　日本の英語力向上のために、私たち指導者一人ひとりに託されている希望を、ともに一つずつ実現していきましょう。

> ### 4. 溝畑保之の授業：ラウンド制とワードカウンターで育む「主体的・対話的で深い学び」

　プレゼンテーション、ディスカッション、ディベートを成功に導く基盤スキルは何でしょうか。インプットの重要点をつかみ、要約し、即座に自分の意見を表現することができれば、あらゆるアクティブ・ラーニング（AL）型活動に取り組めます。これらの基盤スキルを、普段の授業での、「概念地図」を核とした「ラウンド制」と「ワードカウンター」を活用したスピーキング活動で育てましょう。

1. 概念地図と要約を核にした英語中心のラウンド制

　複数のタスクを与え、繰り返し教材を学習させるラウンド制指導法は、通常の指導より効果的であるとされています（鈴木、2007）。これに、概念地図、ペアでの英問英答、リテリング、4名でのディスカッションを加えた、4技能・五領域の授業例を紹介します。Lesson 5 *Roots & Shoots*（CROWN English Communication I Sanseido）を使った事例です。日本語の使用は、続く英語を用いる活動の精度を高め、思考を深めるために限定しています。後述しますタスクシート（図Ⅳ–10）とペア Q&A シート（pp.122-123）を参照して読んでください。

(1) 全体の導入

> ①　写真、動画などを利用し、オーラルインタラクションで全体のテーマを理解させる。
> ②　予習は要求してもしなくてもよい。

　（①、②、…は授業の進行順。（2）以降も同様です。）

　オーラルインタラクション（溝畑、2016）では、イラストなどを利用しつつ英語で生徒とやり取りをします。英語を聞いてイメージを描くことに慣れさせ、これから扱う素材のテーマについて背景知識を呼び起こします。英語を苦手とする生徒には、身近な物事と関連付け、理解しやすいようにします。本事例では、Goalcast の作成した Jane Goodall: The Chimpanzee Lady（https://www.facebook.com/watch/?v=221083918664030）を参考にしました。30 枚のスライドに単文、節、句単位の説明が付いています。画像が理解を進めてくれるため、絵本感覚で Goodall の略歴を紹介できました。

（2） Task 1 タイトル選びで概要理解

> ① 扱うパートのタイトル候補を 4 つ示す。
> ② タイトル候補におけるキーワードを板書し、意味を教え、口慣らしする。
> ③ チャンクでポーズ付きの朗読を聴かせ、タイトルを選ばせる。
> ④ 簡易アナライザー（Front, Side, Back, Bottom）で答えを確認する。

　リスニングもリーディングも、耳や目から入力される言語をチャンキングし、長期記憶内の情報等を利用しながら複数のチャンク間の関係を分析します。その際、適切な意味単位ごとで処理をしていくと理解度が上昇することを河野（1993）が示しています。そこで、音源は長めのポーズ付きのものを用います。リスニング前に、選択肢にあるキーワードのオーラルワークを行います。オーラルワークでは、日本語を使用し、意味理解をした後、スペリングと音声を定着させます。教員のモデルをよく聞かせ、文字を見て、モデルを模倣させます。日本語を見て、瞬時に英語を発話できるようにします。

　リスニングではキーワード以外でも理解できない語が出てきます。「わからない箇所であきらめない。推測する。粘り強く最後までリスニングを継続する」と声掛けをします。

　右に示している「簡易アナライザー」は、「a) は教科書の表紙、b) は背表紙、c) は裏、d) は底を先生に見せる」と指示して、一斉に回答させるやり方です。人の手の上げ下げで反応を変えることができません。If your answer is a), show me the face of your textbook. と英語で指示を与え、習慣化します。

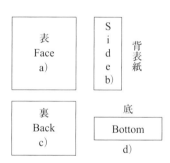

図Ⅳ-4　簡易アナライザー

（3） Task 2 語彙理解とオーラルワーク

> ① Task 2 で扱う英単語の意味の確認を行う。
> ② オーラルワークを行い、日本語から英語が発話できるようにする。
> ③ やさしい英語での定義（書き換え）の穴埋めを完成させる。
> ④ ペアで相談する。

　スペルと意味を定着させるオーラルワークを行った後、定義の完成に取り組みます。次の例のように英英辞典の定義を用い、穴埋め形式にします。頭文字をヒントに残します。

　　例：wag - 振る - to move repeatedly （up） and （down） or from side to side

　日本語での理解をもとに英語でイメージを明確にしてやさしい英語で説明する力を付けます。英語を用いる高度な活動ですので、「from side to side の水平方向の前に来るのは？」とヒ

ントを出し、up and down の回答を引き出すようにします。個人で考える時間の後、ペアで相談します。穴埋めが同じ箇所では喜び、違う箇所ではお互いの意見を出し、埋まっていない場合はアイデアを出すという学び合いの場を提供することができます。

（4）　Task 3 概念地図等を利用した細部理解

---

① 　概念地図の読み解きのヒントを簡潔な英語で説明する。
② 　ポーズ付きの朗読を聴かせる。
③ 　朗読を適宜止めて、*Now you can fill in this box.* などのヒントを与える。
④ 　ペアで相談させる。
⑤ 　再び、ポーズ付きの朗読を聴かせながら黙読させ、正答を確認する。
⑥ 　完成した概念地図でのキーワードの音読練習を行い、英文全体の音読の準備とする。

　なぜ概念地図が効果的か、情報の処理過程を和訳と比較してみます。まず英文は図Ⅳ-5①のように機能語中心の aaa と重要内容語 VVV が線状に並んでいます。読み手は重要情報VVV を選び、それを保持し、次の WWW を見つけます。さらに横に並んだ英文の中で、記憶を次の XXX の処理まで維持し、機能語を手助けとして、内容語の関係を探る必要があります。情報の処理と保持に多くの認知資源を要します。

①線状的提示　英語	②線状的提示　日本語	③空間的提示（概念地図）
aaaaVVVaaa WWW aaa aaaa aaa XXX aaaa aaa aaaa YYY aaa aaaa aaa aaaa aaa ZZZ aaaa aaa	ああ ZZZ ああああ あああ YYY ああああ ああ XXX あああ ああ WWW ああ VVV あ あ	XXX ↙　　↘ YYY　　ZZZ ↓　　　↓ VVV WWW

図Ⅳ-5　情報の処理過程

　さらに、それを和訳する場合、英語と日本語の語順の鏡像関係（久野、1973）に配慮が必要です。鏡像関係とは、図Ⅳ-6の a. ～ d. など、英日の語順がまるで鏡をはさんで左右対称であることを言います。鏡像関係処理に図Ⅳ-5②のように順番の入れ替えが必要で、さらに認知

a.　　　　　　　　　　　　　　from Tokyo　　鏡　　東京から
b.　　　　　　　　　　　　　　I play tennis.　　　　　　テニスをする
c.　　　　　　　　　　　When he was young　　　　　若かった時
d.　The book which I bought yesterday　　　　昨日買った本

図Ⅳ-6　英語と日本語の鏡像関係

資源を消費します。

　これに対して、空間的提示の概念地図を使うと、図Ⅳ-5③のように上から下、下から上、右から左、左から右と自由に知覚経路を選択することができます。そのため、情報の関連性がわかりやすく、探索的効率性が向上します（鈴木、2009）。つまり、二次元的な図式化によって概念間の相互関係が理解しやすくなる（Robinson & Kiewra、1995）ということです。また、Grabe（2009）は、物事の関係を明らかにでき、考えをまとめ、メインアイデアの理解に役立つことを指摘しています。

　次に、概念地図を使うと明らかになる「抜け」「重なり」について解説します。自社と２つのライバル会社Ｎ社、Ｍ社の総合力について、次の英語でのプレゼンを受けたとします。

Let me compare our rival companies N, M, and our company. Our company has abundant human resources and development capabilities, but we are short of funds. Rival company N has similar development and financial strength. Company M, with the greatest overall strength, has recently experienced an outflow of human resources, and its development capabilities are weakening.

　このプレゼンを和訳した場合と概念地図での処理とで比べてみましょう。まず、和訳してみましょう。「自社は人材が豊富で開発力もあるが、資金不足がネックである。ライバルＮ社は、わが社同様に開発力がある上に、資金力もある。総合力で一番のＭ社は最近人材の流出が顕著で、開発力は弱まっている」と和訳して、安心するでしょう。しかし、和訳しただけではプレゼン内容におかしい点があることに気づくのが難しいのではないでしょうか。

　概念地図では、どうでしょうか。縦に会社、横に分析項目のマトリクスを使い、情報を整理します（表Ⅳ-4）。すると、表中の？の情報がないことがすぐにわかります。漏れが一目瞭然です（永田、2014）。「漏れなく、ダブりなく」のことをMECE（Mutually Exclusive, Collectively Exhaustive）と言い、「相互に排他的な項目」による「完全な全体集合」を意味します。筆者は10年程度検定教科書を用いて概念地図を作成していますが、意味なく同じ情報が繰り返される、あるべき説明がないというMECE違反が散見されます。概念地図を利用し、是非、MECEの視点から読解を深められるようにしたいものです。

表Ⅳ-4　総合力比較概念地図

	人材	開発力	資金力	総合力
自社	○	○	×	？
Ｎ社	？	○	○	？
Ｍ社	×	△	？	○

(5)　内容理解と音読による言語材料の内在化

> ①　対訳シートを配付する。
> ②　重要な箇所、文構造を説明する。説明した文は音読させる。
> ③　リード・アンド・ルックアップを必ず入れ、音読練習を様々な手法を用いて行う。
> ④　次時に音読穴埋めテストを予告し、音読練習を宿題とする。
> ⑤　サマリー完成を宿題とする。

　音読の効果として、表現の定着、読解速度、要約文作成、記憶効率、リスニング力等の向上があります。モデル音声とほぼ同時に文字を見て音読するパラレル・リーディングと文字を見ずにモデル音声とほぼ同時に再生するシャドーイングでは、ストレス、イントネーション、リズムを体得でき、文字、単語と音声のリンクの強化に効果があります（鈴木・門田、2012）。タイトル選択で概要の理解、概念地図で細部重要点の整理を終えて、対訳シートで簡潔な文法説明をします。チャンクごとの日本語での理解を伴う音読練習を行います。音読とTask 4 のサマリーを宿題にして家庭学習を習慣にするようにし、次時で穴埋めテストを課します。また、音読練習が後に続くサマリー、ペアQ & A、リテリング、ディスカッションのアウトプット活動に効果があることを伝えます。

　対訳シートは半分に切り、ノートの左頁の左に日本語、右頁の左に英語を貼ります。右頁は、家での辞書調べ用です。本文での語彙学習が終わっていますので、発展的な学習にします。具体的には、例文、派生語、反対語、語源、文化的情報を記入します。熱心な生徒は紙を貼り足して調べています。左は日本語 → 英語の音読再生練習に使用します。考査前日に右頁を参照せずに一行ずつ英語を書いてみるようにします。書けないであるとか、間違っている箇所を確認できます（図Ⅳ-7）。

日本語	英文再生	英語	辞書学習
・ここを見て英語を言う練習 ・考査前日に書く	考査前に ・右を隠す ・実際に書く ・開いてチェック		・例文 ・派生語 ・反対語 ・語源 ・文化的情報

図Ⅳ-7　生徒のノート

(6)　Task 4 サマリー完成

---

①　単独で概念地図を参照し、本文を読み、穴埋めを完成する。

②　ペアで相談する。

③　別のペアで答えを読み合う。

　　A は第 1 文、第 3 文の奇数の文を、B は第 2 文、第 4 文の偶数の文を音読する。

④　ペア活動を教員はモニターし、フィードバックの準備をする。

⑤　生徒は一斉に第 1 文を音読 → 教員がモデルを提示 → 生徒が一斉に音読する。

　サマリーは、パラグラフライティングへ発展できるように、「話題は〜である」と「書き手の主張は〜である」を明確にした書き出しとします。具体的には、

　［Topic］This part is about ….［Assertion］（The writer wants to say that）….

の 2 文で始めてサマリーを作ります。Task 2 での単語の書き換え、あるいはパラフレーズも利用します。この方針で教員が作成したサマリーを穴埋めとします。パートごとに削除する語を、内容語、機能語、内容語と機能語両方と変化をつけるとよいでしょう。

　穴埋め作業は個人からペアに移行します。一人で考えた後、最初のペアで相談します。次は「答え合わせする」ペアに組み替えます。ここでは、（　）の箇所だけを確認するのでなく、各文をしっかりペアで音読して行います。A は第 1 文、第 3 文と奇数の文を、B は第 2 文、第 4 文と偶数の文をお互いに読み上げるようにします。これを教員はモニターしてフィードバックを準備します。最後に、適宜、フィードバックし、生徒全員が一斉に一文ずつ音読し、教員のモデルを与え、生徒はモデルを真似て、再度、音読すると効果的です。

(7)　ペア Q & A による言語活動

---

①　Q&A の準備

　a）8 つの Q&A を作成し、コピーして A 用、B 用（4A：p.122、4B：p.123）を作成する。

　b）A は偶数の問答を白いフォントにする。B は奇数を白いフォントにする。

　c）表面的なやり取りにならないように、以下の工夫（田中・田中、2009）を行う。

　　・元の文をパラフレーズして問いを作成する。

　　・複数の文理解でなければ答えられないものを工夫する。

　　・推論・自分の意見を述べる問いを工夫する。

②　Q&A の理解で躓きそうな箇所を板書し、説明後、オーラルワークを行う。

③　列ごとに配付し、黙読で質問と答えを熟読させる。生徒から質問があれば説明する。

④　声に出さず、頭の中でリード・アンド・ルックアップ（サイレントリード・アンド・ルックアップ）し、スピーキングを意識させる。

⑤　問答を口頭で行う。無答や誤答の場合はヒントを与え、正答を導き出す。

⑥　教員はモニターする。

⑦　完了したペアは、"We are finished." と言い、挙手すると解答が配付される。

⑧　各自のシートに正答を書き写す。

　活動前に担当の Q&A を完全理解するために生徒からの質問を受けます。また、目線が文字にくぎ付けで質問を棒読みするのを防止するため、文字から目を離し、発話するリード・アンド・ルックアップを声に出さずに行う準備練習（サイレントリード・アンド・ルックアップ）を行います。早く終了するペアと時間がかかるペアがでてきます。対策として、早く終了したペアには、解答を配付する際に推論や意見を求める質問を教員がして、生徒が返すというやり取りをします。

　先生役は新奇性があり、生徒たちは目を輝かせて取り組みます。先生がクラス全員と対峙して英問英答を行うと雰囲気が凍りつくのに比べると、生徒たちは適度なプレッシャーを感じながら、しかも、笑顔で楽しくやり取りができます。英問英答では、徐々に、Very close./ Almost./ Read the next line./ Now go to the next question. などの表現を導入していきます。

(8)　概念地図を利用したペア・リテリング

　リテリングとは、読んだり、聞いたりしたことを、自分の英語も使い、他者に伝える活動です。佐々木（2020）は、読解を深めながら、主体的に取り組めるアウトプット活動としてリテリングを位置づけて、1）キーワードと絵や写真、2）キーワードのみ、3）絵や写真のみを用いたやり方を紹介しています。ここでは、作成した概念地図を用いたペアで行うリテリングを紹介します。

①　完成した概念地図より評価用の概念地図を用意する。

②　ペアでリテリングを行う。

③　一方は概念地図を指さし、つなぎ言葉に注意を払い、筋道立ったリテリングをする。

④　聞き手は相手の情報に抜け落ちがないか評価用の概念地図にチェックしていく。

⑤　話の流れ、目線、英語の3項目を評価する。

　授業で完成した自分の概念地図でリテリングするのを、評価者の生徒はリテリング評価シート（図Ⅳ-8）で評価します。評価ポイントは、時間、情報、リテリングの流れ、目線、英語の5項目です。

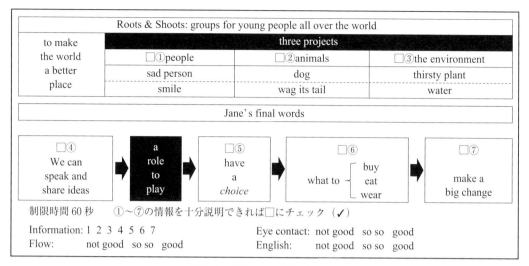

Roots & Shoots: groups for young people all over the world		
to make the world a better place	three projects		
	□①people	□②animals	□③the environment
	sad person	dog	thirsty plant
	smile	wag its tail	water
Jane's final words			

| □④ We can speak and share ideas | → | **a role to play** | → | □⑤ have a *choice* | → | □⑥ what to ⎰ buy / eat / wear | → | □⑦ make a big change |

制限時間 60 秒　①〜⑦の情報を十分説明できれば□にチェック（✓）

Information: 1 2 3 4 5 6 7　　　　　　Eye contact: not good　so so　good
Flow:　　　　not good　so so　good　　English:　　　　not good　so so　good

図Ⅳ-8　リテリング評価シート

　生徒が準備をしっかり行うことが大事です。教員がゆったりしたスピードでリテリングにかかる時間を測っておき、1.2 倍程度の時間制限を設けるとよいでしょう。

　また、制限時間を遵守し、パフォーマンステストとすることも可能です。写真Ⅳ-1 は iPad で Prezi を用いてのリテリングを ALT が採点しているものです。30 秒程度の制限時間で行います。まずは時間内でできることとし、できなければ、次の生徒に順番を譲り、練習後に再チャレンジさせるとうまくいきます。

写真Ⅳ-1　リテリングパフォーマンステスト

(9)　小グループ（4名）でのディスカッション

①	Use English for your discussion の使用法を説明する。
②	話を盛り上げるための3つのポイントを伝える。
③	使える表現をオーラルワークで練習する。
④	使った表現をチェックしながら話し合いを進める。
⑤	終了後、自分のチェックの数を数える。
⑥	グループでの総チェック数を算出し、先生に報告する。
⑦	振り返りを記入する。
⑧	最大チェック数のグループの振り返りを紹介する。

　この TOPIC で取り上げた課では、次のような4技能・五領域を繋いだ活動が設定されています。

Think, Write & Talk

Topic "What can you do for animals, people, and the environment?"

Think Roots & Shoots offers a lot of projects to make the world a better place. Are there any projects that you are interested in?

Animals	**People**	**Environment**
Car accidents with animals	Homelessness	Food waste
Homeless pets	Lack of community	Air and water pollution
Overfishing	Lack of recycling	Plastic waste

［三省堂 CROWN English Communication I（R4 年度）］

　リテリングまでの task をこなし、後述するワードカウンターでスピーキングを鍛えている生徒たちでも、4名以上の話し合いは難しいです。すぐに話し合いが始まらない、ある人が話した後に反応がない、続いて話す人が出ない、話し合いの流れに関係のない内容を話すなど、コミュニケーション破綻事象がよく起こります。コミュニケーションを維持し、故障が起これはそれを修復するとともに、故障を避け、コミュニケーションを円滑に促進するための知識や技能のことをコミュニケーション方略（Communication Strategies：CS）と呼びます。CS を事前学習し、実際に使用するため、iTalk（出水田、2016）とトリオディスカッション（上山、2018）をもとに Use English for your discussion（図Ⅳ-9）を作成しました。多くの教科書の巻末に CS がまとめられるようになっていますのでうまく活用したいものです。

　Use English for your discussion（図Ⅳ-9）の左には、活動に適した CS を掲載し、右は Reflection とします。右の Reflection は事前から活用します。「自分たちで英語の話し合いを盛り上げるには？」と問いかけ、意見表明、「他者への促し」、協力の3つの重要性を強調します。「話し合い後、○、△、×で判定する」ことを予告し、学びに向かう力の後押しをします。

　左の CS で生徒にオーラルワークの機会を与えます。例えば、「発言の順番を調整する表現を知っていますか？」と問いかけ、CS を紹介し、練習します。「最初の口火を切る際は *Let me try first.* を率先して使ってみよう」と励ますと効果的です。これが知識・技能面での足場かけとなります。そして、ディスカッションが思考・判断・表現を鍛える機会となります。

　活動後は、使えた CS をチェックし、話し合い後に個人で何回使えたかを記録します。また、グループの合計回数を算出します。どのグループが一番多く CS を用いたかを調べ、そのグループの振り返りをクラスで共有し、全体の改善の一助とします。

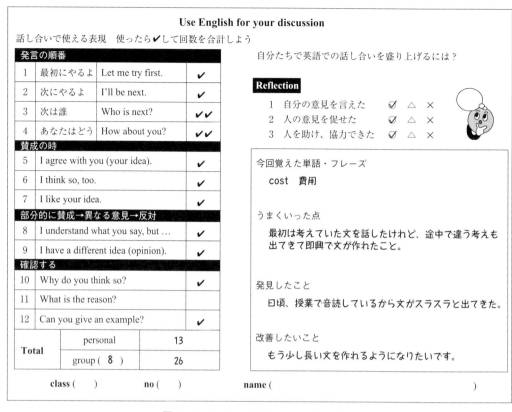

図Ⅳ-9　**Use English for your discussion**

（10）　時間配分

　4パートを5コマで行う時間配分です。第1日目は、全体の導入をオーラルインタラクションで行い、Task 1、2、3までをこなします。概念地図が完成すると対訳シートでの音読活動を実施し、音読と Task 4 のサマリーを家庭学習にします。第1日目は、語彙、音読に多くの時間を充てます。第2日目は、復習に音読練習から始め、Task 4 のサマリーを確認し、ペア Q&A をこなします。素材が難しい場合は、第2日目すべてを音読活動に使うのも一案です。次にパート2の Task 1、2、3の後に音読、家庭学習で音読とサマリーというサイクルを作って、これを繰り返します。最終日はパート4の音読から始め、サマリーからペア Q&A で一連の活動が終了します。残りは4名でのディスカッションに充てます。

表Ⅳ-5　時間配分

	第1日目	第2日目	第3日目	第4日目	第5日目
全体の導入	●				
ペア Q&A		パート1	パート2	パート3	パート4
タスク	パート1	パート2	パート3	パート4	4名でのディスカッション
音読	パート1	パート2	パート3	パート4	

（11）　定期考査

　このラウンド制での定期考査には、次の設問を利用すると、授業と評価の一体化が実現できます。授業時での Task が設問として使えるからです。生徒には、ノートに貼った対訳シートで音読練習を徹底して、手元にあるワークシートを用いて授業の再現を行い、どのパートがどんな形式で出題されても対応できるように考査準備を行うとよいことを説明します。

---

①　　Choose the best title for the following passage.

　授業時のタイトル候補を少し変更する。

②　　Fill in the blanks.

　家庭学習での音読練習の成果を問う。日本語のヒントナシ。

③　　Complete the chart in the answer sheet.

　会社の総合力比較のマトリスクの横軸の「人材」「開発力」「資金力」、すなわち、情報分析の規準となる項目を穴埋めにすると丸暗記を防げる。図Ⅳ-10 のタスクシート Roots and Shoots の Task 3 の概念地図では、情報整理のための小見出しである Jane's final words を穴にする。

④　　Answer the questions in English.

　新しい問いを一つ加える。

⑤　　Make a summary of Part 4 based on the keywords in the chart.

　簡便で採点しやすい評価基準を回答欄に設ける。

　例）語数：不足、十分　　情報：不足、十分　　言語：目立つ誤り・小さな誤り・正確

⑥　　Match the words with the definitions.

　Task 2 より、単語と定義を結ぶ、穴埋め、定義を示して語を書かせる、語を示して定義させるなど習熟度に応じて多彩な出題が可能。

（12）　自立した学習者育成のため

　生徒が慣れてきたら、Task 3 と Task 4 の部分を白紙シートにし、生徒が自分で概念地図とサマリーを作成するようにすると、自立した学習者育成の一助となります。Lesson 4 *Gorillas and Humans*（LANDMARK Communication English I Keirinkan）は、ゴリラ研究の第一人者の山極壽一教授（京都大学）へのインタビューを通してゴリラのコミュニケーション方法について学ぶ課でした。ゴリラの喧嘩についてのパートで、筆者の用意した概念地図は、喧嘩相手、理由、頻度を表にまとめ、仲裁は小さなゴリラがする → 不満が残らない → 人類が学ぶべき教訓という表が続くものでした。しかし、筆者の発想とは異なりますが、的をついた作品をある生徒が提出しました。それは、左にゴリラ、右に人類の欄を設け、左右対称にゴリラの喧

Lesson 5　Roots and Shoots

Task 1 Choose the best title for the section

a) differences between humans and chimpanzees　　b) environmental problems

c) Roots and Shoots' projects and Jane's message　　d) making someone smile

Task 2　Complete the explanation of each word

English	Japanese	Definition
choose	選ぶ	to (*pick*) one or more things or people from a group
project	事業	any activity that takes great effort or (*planning*)
cause	引き起こす	to (*make*) something happen
wag	振る	to move repeatedly (*up*) and (*down*) or from side to side
share	分け合う	to have or use something with (*other*) people

Task 3　Complete the Chart

to make the world a better place	three projects		
	people	animals	the environment
	(1 *sad*) person	dog	thirsty plant
	smile	(2 *wag*) its tail	(3 *water*)

Jane's final words

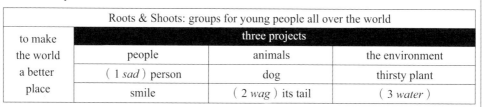

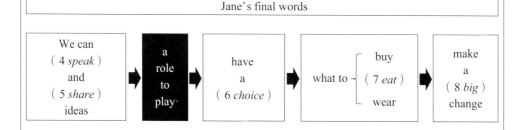

We can (4 *speak*) and (5 *share*) ideas → a role to play· → have a (6 *choice*) → what to { buy (7 *eat*) wear } → make a (8 *big*) change

Task 4　Summary

This part is about Jane Goodall's Roots and Shoots: groups for young people all over the world. They work to make the world a better place. They help a sad person to (1 *smile*). They help a dog to wag its (2 *tail*). They help water a (3 *thirsty*) plant. Goodall thinks that we can share great (4 *ideas*). She also thinks that everyone has a role (5 *to*) play. She suggests that we should (6 *decide*) what to buy, eat and wear. If a billion people make changes, a big change (7 *will*) be made.

図Ⅳ-10　**Roots and Shoots**

嘩、人類の紛争を整理したものでした。ゴリラは、「小さなゴリラが怒っているゴリラをじっと見る」、その結果、「力を用いず解決し不満が残らない」に対し、「人類は軍事力、経済力を使う」「力を用いるため問題解決につながらない」としていました。脱帽でした。このようにすぐれた作品が出てきますので、印刷して教室で配付します。

(13)　概念地図と要約がアクティブ・ラーニング（AL）型活動の核

　本ラウンド制の肝は「概念地図でポイントをおさえ、要約する」ことです。この技能の精度を高めるために補助的に日本語を有効利用します。具体的には、オーラルワークの前提となる語彙理解の Task 2 と音読練習の基盤となる対訳シートです。普段の授業で、この支援を受け、「概念地図」と「要約」に慣れ親しんでいきたいものです。徐々に、初見の文章や初めて聞く音声素材で、頭の中で概念地図が描け、それに基づいて要約できるようになることをめざします。この技能は、多聴・多読・多話と親和性が高く、プレゼンテーション、ディスカッション、ディベートに加え、ジグソー法、KP 法、ワールドカフェなどあらゆる AL 型活動の核にもなります。当然、4 技能試験にも有効です。

ペア Q&A シート

Lesson 5 Roots & Shoots Part 4

1 Where did Roots & Shoots begin?

--- It began in Tanzania.

2

3 What do the rocks and wall represent?

--- They represent the problems humans have caused
  to our earth.

4

5 Which do you want to help, people, animals, or
  plants?

--- I want to help ～ .

6

4A

7 How do you care when you shop to protect the
  environment?

--- I try to find eco-friendly products even if they
  are expensive.

8

J: My hope lies in young people.
That's why I started Roots & Shoots.
It began with a group of
high school students
in Tanzania in 1991.
It is called Roots & Shoots
because roots can work their way
through rocks to reach water.
And shoots can break through a wall
to reach the sunlight.
The rocks and wall are the problems
humans have caused to our earth.
K: Is it a kind of club for young people?
J: Yes.
We now have groups all over the world
and each group chooses three projects:
one to help people,
one to help animals,
one to help the environment.
The world is a better place
when a sad person smiles at you,
when a dog wags its tail for you,
or when you give water to a thirsty plant.
That's *what* Roots & Shoots is all about.
K: Some final words?
J: People should think about
the consequences of the little choices they
make each day.
What to buy?
What to eat?
What to wear?
You are just one person,
but what you do affects the whole world.
The changes you make may be small,
but if a thousand, then a million,
finally a billion people
all make those changes,
this is going to make a big difference.
K: Dr. Goodall,
thank you very much
for sharing your ideas with us.

[三省堂 CROWN English Communication I（R4 年度）]

ペア Q&A シート

Lesson 5 Roots & Shoots Part 4

1

2 When did Roots & Shoots begin?
--- It began in 1991.

3

4 When can the world be a better place?
--- When a sad person smiles.
--- When a dog wags its tail.
--- When you give water to a thirsty plant.

5

6 What do you do when you eat to protect the
environment?
--- I don't leave any leftovers.

4B

7

8 If your friend says that changes we make are
small, what would you say?
--- I'd say if a thousand, then a million, finally a billion
people make changes,

J: My hope lies in young people.
That's why I started Roots & Shoots.
It began with a group of
high school students
in Tanzania in 1991.
It is called Roots & Shoots
because roots can work their way
through rocks to reach water.
And shoots can break through a wall
to reach the sunlight.
The rocks and wall are the problems
humans have caused to our earth.
K: Is it a kind of club for young people?
J: Yes.
We now have groups all over the world
and each group chooses three projects:
one to help people,
one to help animals,
one to help the environment.
The world is a better place
when a sad person smiles at you,
when a dog wags its tail for you,
or when you give water to a thirsty plant.
That's *what* Roots & Shoots is all about.
K: Some final words?
J: People should think about
the consequences of the little choices they make each
day.
What to buy?
What to eat?
What to wear?
You are just one person,
but what you do affects the whole world.
The changes you make may be small,
but if a thousand, then a million,
finally a billion people
all make those changes,
this is going to make a big difference.
K: Dr. Goodall,
thank you very much
for sharing your ideas with us.

［三省堂 CROWN English Communication Ⅰ（R4 年度）］

2. ワードカウンター（WC：Word Counter）活動

　ワードカウンター（西、2010）は、スピーキング活動を活性化するシートです。スプレッドシートで数字のあるマスを作成したものです。話し手は制限時間（30秒、1分、2分など）で発話し、聞き手は WC で相手の話した語数を記録します。流暢さを重視し、総合的な英語力を伸ばせるので、帯活動として多くの先生が取り入れています。教科書からテーマをとり、帯活動として行います。なお、ワードカウンターの例は、p.27 と p.57 を参照して下さい。

（1）　成長マインドセットで語数を増やす

　初期では、スピーキングに慣れていない生徒はテーマに加え2〜3語を述べて、後は沈黙となり、1分で10語程度しか言えないことも珍しくありません。常に人は向上できるという成長マインドセットを育むために、「大事なことは今の自分より明日の自分をどう成長させるかですよ」「パートナーから学べることはありますか」「時間稼ぎに "Let me see." を使うと3語増やせますよ」などの声掛けをします。

　表Ⅳ-6は高1の6、7月に8回実施した結果です。平均は30.2語から48.6語に増加しました。最小でも25語話せています。

表Ⅳ-6　WC での語数の伸び

	テーマ	最小	最大	平均 Ave
1回目	a friendly or strict teacher?	9語	63語	30.2語
8回目	club activities	25語	74語	48.6語

（2）　ディベートを意識した WC

　平均語数が50語程度になると簡単なディベートをゴールにした活動を行います。論題を "Fast food restaurants should be banned." と設定し、論題に関わる基本的な事柄について自由に話します。① My favorite food、② Eating vegetables、③ Subway vegetable sandwiches（サブウェイでは好きな野菜を選べる）、④ Is fast food healthy? と設定します。平均語数が50語程度か確認し、即興ディベートに進みます。肯定側2名、否定側2名、ジャッジ1名です。ディベーターは、肯定①→否定①→肯定②→否定②の順に40秒話し、ジャッジは各ディベーターの語数を数えます。勝敗は発話語数で決めます。

　上記の流暢性を最優先したディベートに慣れると "Agree or Disagree" を取り入れ、話した後に書くようにします。例えば、"Agree or Disagree: A good teacher is a strict teacher." で賛否を述べるようにし、論理性を鍛えます。

　欧米のように言葉をはっきりと用いてコミュニケーションする文化は低コンテクスト文化と呼ばれます。コミュニケーションは言葉で表現されない状況に基づきません。逆に、日本では、詳しく言葉で説明しなくてもわかり合える「察しの文化」、すなわち、高コンテクスト文化です。高コンテクスト文化に慣れたものが、低コンテクストでのやり取りを行う場合、次のような特徴があり、円滑なコミュニケーションが困難です。

　① 　背景から入り、肝心の答えは最後になり、明確に述べられないことさえある。
　② 　答えと直接関係のない情報が含まれることが多い。
　③ 　聞き手の行間を読むスキルに頼り、詳細の説明がない。

　そこで、英語でのディベートやディスカッションのための思考を鍛える必要があります。それが PREP 法です。PREP とは、Point、Reason、Example、Point の頭字語です。初めに主張（Point）を述べ、主張を支える理由（Reason）を説明します。続いて具体例（Example）を示し、明確なイメージを与え、説得性を高めます。最後にもう一度主張（Point）を繰り返し述べます。最後で初めて言いたいことがわかる「起承転結」とは対照的です。

　マッピングシートは、左をマッピング、右をライティングとします。「英語にできないアイデア」の欄を設け、右下には自己評価、相互評価あるいは教員による評価欄を付加しました。

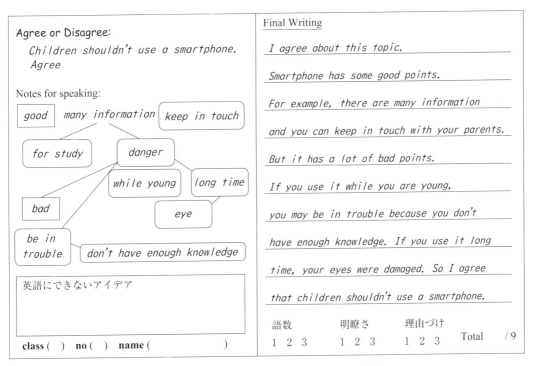

図Ⅳ-11　マッピングシートとライティング例

　図Ⅳ-11 のライティング例は、"Children shouldn't use a smartphone." で生徒が 78 語を書い
た例です。文法の誤りはあるものの、基本の語順で十分な量が書けています。賛成意見である
にもかかわらず、日本語話者特有の反対意見から開始する点が弱点ですが、PREP 法を意識し
て書けています。

V　よりよい英語教育をめざして

　今を去ることおよそ20年前の2004年、全国英語教育研究団体連合会の全国大会が大阪で開かれました。指導助言者の齋藤榮二先生の下、藤原和美先生（『英語×「主体的・対話的で深い学び」』の著者、現大阪府立長尾高等学校校長）が授業実演を担当しました。その時のテーマは「高等学校 英語Ⅰ・Ⅱの授業の大半を英語で行うための工夫」で、「すべての学校での英語の授業は、基礎・基本を踏まえて、英語でしましょう！」という、その頃はまだあまり実践されていない all in English での授業の提案でした。そのプロジェクトのリーダーが本書の著者である溝畑保之先生で、米田謙三先生と筆者も参画していました。

　それから15年後、現行高等学校外国語・英語学習指導要領には「生徒が英語に触れる機会を充実させるとともに，授業を実際のコミュニケーションの場面とするため，授業は英語で行うことを基本とする。その際，生徒の理解の程度に応じた英語を用いるようにすること」と明記されました。今からおよそ20年前に強く発信した「英語で授業を！」が先駆けとなり、広く受け入れられる段階に達したという思いをしています。

　学習指導要領の中心理念「主体的・対話的で深い学び」を実現させるため、英語の授業ではどのようなことを踏まえる必要があるかということも模索して本書を作ろうと考えましたし、いつの世にも色あせない本書を完成させようとも考えました。

　公教育での授業実践の際にも、学習指導要領の理念をよく理解し、生徒の実態に合うように創意工夫に富んだ授業をしたいものです。よって学習指導要領解説の「改訂の基本方針」等でも示された、育成を目指す資質・能力の三つの柱、主体的・対話的で深い学び、カリキュラム・マネジメント、「教育内容の主な改善事項」等を踏まえて、「日々の授業実践でお役に立ちたい、これに着目していただきたい！」という内容を精選して執筆しました。

　本書を読んでいただくにあたり、本書がめざしたことを下記に改めました。再度、おさらいしていただければと思います。

　まずは、本書の全体を概観してみましょう。まず、旧来の授業の基礎・基本（例えば、易から難、スモールステップ）、直読直解、英英辞典活用、音声指導、ラウンド制、ワードカウンター、異文化理解（教育）、さらには、「探究」、PBL、UDL、支援、統合的な言語活動、ICT活用（DDLを含む）、多聴・多読・多話・多書の指導、スパイダー討論、評価を取り上げています。本書では、それらの紹介のみならず、著者独自の視点から、また今日求められる授業の視点から、それぞれのお勧めを提示しています。直読直解を例にすれば、それを発展させて、文法・翻訳式教授法と文法・訳読式教授法の違いの再考をしていただくことも可能でしょう。また、音声指導を例にすれば、本書を読んでいただいた後に、音声に関わる様々な基本的な事項（例えば、Tuesday の発音や Smith のアクセント）などの確認に始まり、体系的な音声に

関わる参考図書（例、『コミュニケーションのための英語音声学研究』、山根繁、関西大学出版部、2019）で授業に役立つ情報を得ることで、皆さまの授業にお役に立てる端緒になればうれしく思います。

　次にいくつかの TOPIC 等を少し詳しく振り返ってみましょう。旧来の授業の基礎・基本等について岡﨑伸一先生は、中学校でのご指導の経験をもとに、日々の授業実践に役立つ視点を提供しています。阿部慎太郎先生は、現行高等学校学習指導要領の中心的な話題である統合的な言語活動のあり方について、普段の授業の臨場感をそのまま本書で伝えつつ、授業のツボを紹介しています。

　UDL の授業実践も得意分野である森田琢也先生は、その知見を「探究」及び PBL 授業へどのように活かすかを普段着のままで書いています。探究の精神が英語の授業でも求められ、他教科との連携も注目されています。

　この教科等横断的な動きを前向きに捉えて、教員もこれまで以上にカリキュラム編成に関わり、カリキュラム・マネジメントに携わる機会が増えるでしょう。よりよい授業をめざす好機となりますが、「必要な人的又は物的な体制を確保する」には予算確保がどうしても必要となってくるでしょう。よって、溝畑保之先生による「英語教育のために：『教育、教育、教育の日本に！』」を指針に職場の働き方改革も推進しながらよりよい教育環境を求めていきましょうか。

　また、先述の「教育内容の主な改善事項」では「言語能力の確実な育成，理数教育の充実，伝統や文化に関する教育の充実，道徳教育の充実，外国語教育の充実，職業教育の充実などについて，総則や各教科・科目等（中略）において，その特質に応じて内容やその取扱いの充実を図った」と説明されており、これは、異文化理解（教育）、CLIL、STEAM 教育のみならず PBL にも関連します。筆者は Willis（1996）の TBLT を再考して、CLIL と融合する取り組みを提案しました。米田謙三先生は STEAM 教育の可能性を勤務校の実践をもとに紹介しました。

　「接続」は、すべての授業のみならず学校での活動のすべてに関係し、「総合的な学習の時間」から「総合的な探究の時間」にも接続されます。常に接続を意識することで、つながりの端緒となり、生徒にとっては思考が深まり、その結果、生徒が主体的・対話的で深い学びをしてくれることを望んでいます。

　「多聴・多読・多話・多書の指導」も取り上げています。筆者が高校教員時代、多読を細々とやっていました。校内の古い読み物の見本等をかき集めて、使わなくなった本棚を、また、使われていない教室を（「多読ルーム」として）使わせていただき、多読をやったこともありました。坂本彰男先生はご自身の技を駆使し、多読のみならず多聴・多読・多話・多書の全部

を流暢性優先で、4技能・五領域を伸ばそうとする授業を紹介しています。

田中十督先生は音読指導を授業デザインから提案しています。そこでは、生徒の学習意欲を高める、ケラーのARCSモデルを意識して活用した授業デザインの具体例を示しています。先生方が単に音読の技の指導を熟知して指導するのではなく、説明責任を果たせる知見を使い、授業デザインという大枠での音読指導を実践する視点を提供しています。

SWD（スパイダー討論）を「探究」と関連付けた授業実例として紹介したのは溝畑保之先生です。ウィギンズ他による『最高の授業：スパイダー討論が教室を変える』でもおなじみの授業実践をもとに、溝畑先生が実際の授業で使用したルーブリックを紹介していますので、皆さんの授業でもきっとお役に立てると思います。また、溝畑先生は、普段の授業で概念地図を用いてサマリーを鍛え、アクティブ・ラーニング型活動に対応するあり方も提示しています。

『英語×「主体的・対話的で深い学び」』の続編としての本書では、生徒が能動的に学び、これからの時代に必要とされる資質・能力を身に付けることができるような授業のあり方を考えました。激変が訪れ、これからも今までになかった問題に生徒たちは直面するかもしれません。そのような状況においても、すべての中学校及び高等学校の生徒には、様々な分野に関わる未知に対応してほしいですし、学んだことをその変化の中で使い、他者とともに暮らし、しかも、地球規模で生きていく力を身に付けてもほしいです。

中学校及び高等学校での英語授業「主体的・対話的で深い学び」を高めるために、そのための、英語指導をより良くしていくためのヒントと、さらには、いつの世にも色あせない指導のあり方をお伝えしたつもりですが、それらをご理解いただければうれしく思います。

主体的・対話的で深い学びをすべての生徒たちの日々に、

そのために、

教員自身が、主体的な学び手である日々を。

引用・参考文献

青谷正妥（2012）．『英語学習論：スピーキングと総合力』朝倉書店．

淡路佳昌（2021）．「第 2 章　授業の流れに則して　Ⅵ　Reading Aloud」語学教育研究所（編）（2021）．『英語授業の「型」づくり ― おさえておきたい指導の基本』、p.102、大修館書店．

エドモンドソン, A. C.（著）、野津智子（訳）（2021）．『恐れのない組織 ――「心理的安全性」が学習・イノベーション・成長をもたらす』英治出版．

廣森友人（2015）．『英語学習のメカニズム：第二言語習得研究にもとづく効果的な勉強法』大修館書店．

本田由紀（2021）．『「日本」ってどんな国？ ― 国際比較データで社会が見えてくる ―』筑摩書房．

出水田隆文（2016）．「【第 2 巻】同僚から学んで実践／しんどい生徒とどう向き合うか」英語教育・達人セミナー『ライブ！ 英語教育・達人セミナー in 広島・福山～ Active な授業づくりをめざした実践例～』ジャパンライム．

上山晋平（2018）．『はじめてでもすぐ実践できる！ 中学・高校 英語スピーキング指導』学陽書房．

北原延晃（2010）．『英語授業の「幹」をつくる本　上巻』ベネッセコーポレーション．

河野守男（1993）．「コミュニケーションとヒアリングのメカニズム」小池生夫編『英語のヒアリングとその指導』大修館書店．

久野　暲（1973）．『日本文法研究』大修館書店．

溝畑保之（2016）．「導入活動：高等学校」泉恵美子・門田修平（編）『スピーキング指導ハンドブック』大修館書店．

溝畑保之（2021）．「コラム ― スパイダー討論（SWD）とルーブリック」高橋昌由（編）『英語×「主体的・対話的で深い学び」― 中学校・高校新学習指導要領対応』大学教育出版．

溝上慎一・成田秀夫（2016）．『アクティブラーニングとしての PBL と探究的な学習』東信堂．

向山洋一（2015）．『新版　授業の腕を上げる法則』学芸みらい社．

村上加代子（2019）．『みんなにわかりやすい小・中学校の授業づくり　目指せ！ 英語のユニバーサルデザイン授業』学研プラス．

村上加代子（2021）．『個に応じた英語指導をめざして　ユニバーサルデザインの授業づくり』くろしお出版．

村野井仁（2006）．『第二言語習得研究から見た効果的な英語学習法・指導法』大修館書店．

永田豊志（2014）．『頭がよくなる「図解思考」の技術』中経出版．

西　巖弘（2010）．『即興で話す英語力を鍛える！ ワードカウンターを活用した驚異のスピーキング活動 22（目指せ！ 英語授業の達人）』明治図書出版．

岡﨑伸一（2019）．「「中 1 ギャップ」の解消を目指したリタラシー指導」『昭和女子大学現代教育研究所紀要第 5 号』、pp.111-117、昭和女子大学現代教育研究所．

大谷泰照（2007）．『日本人にとって英語とは何か ― 異文化理解のあり方を問う』大修館書店．

齋藤榮二（1978）．「英語教授法愛国宣言（1）」『現代英語教育』12 月号、pp.2-6、研究社．

齋藤榮二（1979）．「英語教授法愛国宣言（2）」『現代英語教育』1 月号、pp.26-29、研究社．

齋藤榮二（1996）．『これだけは知っておきたい英語授業レベルアップの基礎』大修館書店．

齋藤榮二（2003）．『基礎学力をつける英語の授業』三省堂．

笹島　茂（2018）．『CLIL 英語で学ぶ世界遺産』三修社．

笹島　茂（2020）．『教育としての CLIL』三修社．

佐々木啓成（2020）．『リテリングを活用した英語指導 ― 理解した内容を自分の言葉で発信する』大修館書店．

鈴木明夫（2009）．『図を用いた教育方法に関する心理学的研究　外国語の文章理解における探索的効率性』開拓社．

鈴木寿一（2007）．「コミュニケーションのための基礎力と入試に対応できる英語力を育成するための効果的な指導法 ― ラウンド制指導法」『平成 18 年度 SEL 研究開発実施報告書　京都外大西高等学校』http://www.kufs.ac.jp/nishiko/SELHi/pdf/H18_ReferenceData.pdf Retrieved 2022.09.15.

鈴木寿一・門田修平 (2012). 『英語音読指導ハンドブック ─ フォニックスからシャドーイングまで』大修館書店.

瀧沢広人 (2022). 『中学校英語　指導スキル大全』明治図書.

田中武夫・田中知聡 (2009). 『英語教師のための発問のテクニック ─ 英語授業を活性化するリーディング指導』大修館書店.

手島　良 (2019). 『これからの英語の文字指導 ─ 書きやすく 読みやすく』研究社.

ウィギンズ，A. (著)、吉田新一郎 (訳) (2018). 『最高の授業：スパイダー討論が教室を変える』新評論.

Byram, M. (2020). *Teaching and Assessing Intercultural Communicative Competence: Revisited.* Multilingual Matters Ltd.

Duhigg, C. (2016). *What Google Learned From Its Quest to Build the Perfect Team.* New York Times. Retrieved from http://nyti.ms/20Vn3sz Retrieved 2022.09.15.

Grabe, W. (2009). *Reading in a Second Language: Moving from Theory to Practice.* (Cambridge Applied Linguistics) Cambridge University Press.

Griffin, P. (2018). *Assessment for teaching.* Cambridge University Press.

Robinson, D. H., & Kiewra, K. A. (1995). Visual argument: Graphic organizers are superior to outlines in improving learning from text. *Journal of Educational Psychology, 87.*

Takahashi, M. (2021). Preferences for Quasi-CLIL Exercises by First-Year EFL Kosen Students in Japan, 『LET 関西支部研究集録』, *19*, 97–114.

Willis, J. (1996). *A Framework for Task-based Learning.* Longman.

索　引

執筆担当

執筆者紹介

阿部慎太郎　著者

西南学院中学校高等学校教諭　九州大学文学部で英語学を学び現職。大学在学時、シンガポール国立大学へ留学。アウトプット活動を通して「体得」をめざした授業を実践している。

溝畑保之　著者

桃山学院教育大学・大阪公立大学講師　大阪府立高校教諭、指導教諭を経て現職。4技能型の実践で第8、17回「英検」研究助成入選、大阪府優秀教職員等表彰、検定教科書、大修館書店より『英語指導ハンドブック』等を共同執筆。論文、口頭発表多数。

森田琢也　著者

大阪教育大学附属高等学校池田校舎教諭　一般企業、公立中学校講師、私立中高等学校教諭、大阪府立支援学校教諭、大阪府立高校教諭を経て現職。『英語科・外国語活動の理論と実践』編著吉田晴世（あいり出版）に授業実践掲載。ワークショップ多数。

岡﨑伸一　著者

熊本大学准教授、大学院教育学研究科（教育学部併任）。東京都公立中学校・指導教諭を経て現職。千葉大学大学院、修士（教育学）。昭和女子大学大学院博士後期課程退学、文京学院大学大学院、修士（英語コミュニケーション）。中学校英語教科書の編集委員。

Joseph Ring　英文校閲

大阪成蹊大学教育学部　教授 博士（Temple University）、教育学修士　英語教育センター Deputy Director（センター長代理）専門分野：教育心理学、モチベーション、潜在成長曲線モデル（LGM）

坂本彰男　著者

福岡女学院中学校・高等学校教諭。英語科副主任。2008年より英語読書を土台とした表現教育を校内で推進している。長年の実践に基づき、現在全国様々な場所で、ワークショップを通してバランスの取れた英語教育の普及に努めている。

高橋昌由　編著者

大阪成蹊大学教育学部准教授　大阪府立高校教諭・指導教諭・首席、津山工業高等専門学校教授を経て現職。関西大学博士後期課程で齋藤榮二先生から薫陶を受ける。『ジーニアス和英辞典』、英語表現検定教科書 Vision Quest 等執筆。講演、論文多数。

田中十督　著者

西南学院中学校高等学校教諭　オックスフォード大学出版局多読プレゼンター　勤続25年経過をして現職。河合出版より『スピーキングのための英文法』を共著にて執筆。英語学習と授業の研究の為の勉強会「暁の会」代表。CLILや同時通訳のメソッドを積極的に取り入れた指導を実施展開。

米田謙三　**著者**

　早稲田摂陵高等学校教諭（地歴公民科、外国語科、情報科）　文部科学省教科情報高校学習指導要領協力者、総務省青少年の安心・安全なインターネット利用環境整備に関するタスクフォース委員　経済産業省未来の教室STEAMWG 委員　著作多数、講演多数。

■編著者紹介

高橋　昌由　（たかはし　まさゆき）

　　最終学歴：関西大学大学院外国語教育学研究科博士課程後期課程外国語教
　　　　　　　育学専攻単位取得満期退学
　　現　　　職：大阪成蹊大学教育学部准教授
　　学　　　位：アメリカペンシルバニア州立テンプル大学大学院教育学研究科
　　　　　　　修士課程英語教授法専攻修了、教育学修士
　　研究分野：英語教授法、TESOL、

　　主著
　　『英語授業実践学の展開 — 齋藤栄二先生御退職記念論文集』（2007、三省堂）
　　『ジーニアス和英辞典（第 3 版）』（2011、大修館書店）
　　『英語×「主体的・対話的で深い学び」— 中学校・高校　新学習指導要領対
　　応 — 』（大学教育出版、2021）

英語授業「主体的・対話的で深い学び」
を高めるために

2023 年 9 月 10 日　初版第 1 刷発行

■編 著 者 ——— 高橋昌由
■発 行 者 ——— 佐藤　守
■発 行 所 ——— 株式会社 大学教育出版
　　　　　　　〒 700-0953　岡山市南区西市 855-4
　　　　　　　電話（086）244-1268　FAX（086）246-0294
■印刷製本 ——— モリモト印刷㈱

ISBN978 - 4 - 86692 - 261 - 4

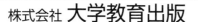